Herbert Pelzl

Erinnerungen eines Jägers

Inhaltsverzeichnis

Der Schuß auf den flüchtigen Hirsch 9
Ein Hirsch stürzt ab 16
Auf Gams in der Steiermark 21
Zum Wilderer geworden 28
Ein weißer Schwan 33
Noch einmal davongekommen 39
Polnische Böcke 43
Mein stärkster Keiler 47
Jagen in der Toscana 50
Als die Böcke aufgingen 56
Einladungen 59
Angriff einer Elchkuh 63
Das Elchkalb, das eine Elchkuh war 66
Mein „Guide" fällt vom Pferd 71
Sturz in den See 74
Zweimal Stonesheep 78
Ein Pferd angepirscht 83
Eine verpaßte Gelegenheit 89
Eine Nacht unter Wölfen 92
Der Hirsch vom Glaciervalley 95
Auf den Queen Charlotte Inseln 104
Der Frühstückswapiti 116

Horrortrip in die Coast Range 124
Eine verhinderte Bärenjagd 134
Gefährliche Grizzlies? 146
Auf dem Weg in die Mongolei 152
Ein Jahr ist nicht wie das andere 155
Gefährliche Warzenschweine 159
Fehlschüsse 162
Ein Opfer der Geier 172
Eine verhängnisvolle Verwechslung 179
Taubenjagd im paraguayischen Chaco 183

Dieses Buch ist gewiß nicht für „Jagdpäpste“ geschrieben, die sich unfehlbar dünken und in deren Jagderleben es keine dunklen Flecken gibt, die immer alles richtig machen, nur die Fehler anderer sehen und das Wort „Waidgerechtigkeit“ ständig im Munde führen. Denn bei ihnen werden meine Erzählungen auf Unverständnis stoßen oder ein strenges Stirnrunzeln verursachen. Es ist auch nicht für die gedacht, die nach dem Motto jagen: Veni, vidi, vici!

Es ist für jene bestimmt, die lange und viel genug gejagt haben, um auch Fehler machen zu können, Fehler, die sich manchmal aus der Verkettung unglücklicher Umstände ergeben oder der Leidenschaft des jungen Jägers zuzuschreiben sind.

Ich wurde auf dem Feld mit einem kleinen Gutsbesitzer namens Polutikyn bekannt, der ein leidenschaftlicher Jäger und folglich ein vortrefflicher Mensch war.

aus „Chor und Kalinytsch“
in „Aufzeichnungen eines Jägers“ von I. Turgenjew

Am nächsten Morgen, da ich den Hirschen fand.

Wundfehrte, traurig wehe Bahn,
was siehst du mich so freudig an
und jubelst: Mensch kannst ruhig sein,
der dies gemalt, ist tot und dein!
Und rasch zieht mich im Dicket drin
der Hund zu meinem Hirschen hin;
der liegt wie schlafend in der Fehrt,
das Haupt gestreckt und stolz bewehrt;
er schläft so schön, der edle Freund,
darob mir´s fast als Schändung scheint,
muß ich bald thun, was Jägerspflicht,
das ihn zur letzten Thalfahrt richt.
Ich geb den Bruch ihm auf die Wundt
und halt ihm Wacht ein Viertelstund;
hab´ja noch Weil, just ward´s erst Tag,
die Zeit, die ich am liebsten mag
zu solcher ernst bedachten Freud
in bergeshoher Einsamkeit.
Da sinn ich wohl so mancherley,
wie dieses ist und jenes sey,
wie seltsam unsere Lust bestellt,
die Freundschaft fühlt und Freunde fällt,
und dann am End, trotz allem Zwist,
doch eigentlich nur fröhlich ist.
Allein, da giebt´s kein Antwort drauf,
drum steh ich jetzo wieder auf,
dieweilen rings im Waldesfried
des Weidwerks Rätselblume blüht.

Albert v. Scanzoni

Der Schuß auf den flüchtigen Hirsch

Ich habe viele Jahre im Maltatal in Kärnten auf Gams und Rotwild gejagt. Das war, bevor der große Stausee gebaut wurde, und damals war die Landschaft noch unverdorben und ursprünglich. Es gab zu jener Zeit auch keinen nennenswerten Tourismus in dieser Gegend, und nur selten traf man oben in der Kühruh einen einsamen Wanderer.

Da breiteten sich Schneefelder aus, die das ganze Jahr über die Nordhänge bedeckten. Weite Kare und herrliche Almwiesen lockten, und weit oben lag ein See, dessen Wasser auch im Hochsommer eiskalt und kristallklar war. Und das Wichtigste: Es gab auch einen hervorragenden Bestand an Gamswild. Auch der Rotwildbestand konnte sich sehen lassen, und ich habe einige gute Hirsche dort oben geschossen.

Für mich stand jedoch die Gamsjagd immer an erster Stelle. Damals wurde das über 3000 Hektar große Revier vom alten Baier betreut. Er war einer der besten Jäger, die ich in meinem Leben kennengelernt habe. Er wußte stets, wo sein Wild stand, und er konnte einen so immer zu Schuß bringen. Aber er hatte auch einen harten und eigensinnigen Kopf, und nicht jeder kam deshalb mit ihm aus. Viele Gastjäger jagten deshalb auch nur einmal in dem Revier und kamen dann nie wieder. Verstand man sich aber mit ihm und stellte sich auf seine Eigenarten ein, so konnte man unvergeßliche Jagdtage oben auf der Ochsenhütte verbringen.

Obwohl in den späteren Jahren schon etwas schwerhörig, war er sehr streng, wenn man Geräusche bei der Pirsch verursachte. So mußte man, hinter ihm gehend, den Pirschstock aus Haselnuß, der an einem Ende eine Eisenspitze, am anderen eine Gummikappe trug, stets nach der Beschaffenheit des Geländes einsetzen. Und wehe dem, der auf felsigem Boden die Eisenspitze aufsetzte und mit ihr gegen einen Stein stieß!

Da konnte der Baier sehr böse werden. Sein damals ebenfalls schon alter Hund, eine Dachsbracke, die er über alles liebte, trat auf den engen Steigen allerdings so manchen Stein los, der dann mit lautem Gepolter zu Tal stürzte. Dies aber schien sein Herr nicht zu hören oder nicht hören zu wollen. Er hätte es wohl nicht übers Herz gebracht, seinem, über viele Jahre treuen Begleiter, ein hartes Wort zu sagen.

Wenn man auf Gams mit ihm jagte und er einen fragte, was man denn nun schießen wolle, Bock oder Geis, war es gut, sich nicht festzulegen. Besonders schlecht kam es bei ihm an, wenn man auf einen Bock bestand, vor allem, wenn es auch noch ein guter sein sollte. Denn es war in den Augen des Alten unbescheiden, gleich nach der Krone der Gamsjagd greifen zu wollen. Gab man sich dagegen bescheiden und erwiderte auf seine Frage, daß man auch mit einer Geis zufrieden sei, so konnte man sicher sein, daß er alles tun würde, um einen auf einen guten Bock zu Schuß zu bringen. Mit der Zeit lernte ich recht viele dieser seiner Eigenarten kennen, stellte mich auf sie ein und kam recht gut mit dem Baier aus. So manchen starken Gamsbock habe ich ihm zu verdanken.

Aber ich will ja gar nicht über die Gamsjagd berichten, sondern übers Hirschejagen. Vor allem an zwei Hirschjagden oben in der Kühruh erinnere ich mich, weil sie etwas Besonderes waren und deshalb stehen sie mir nach vielen Jahren, die inzwischen vergangen sind, immer noch in allen Einzelheiten deutlich vor Augen.

Ich weiß zwar nicht mehr genau, in welchem Jahr es war, aber es war im Herbst zur Hirschbrunft, und es war eine gute Brunft. Von allen Seiten her schrien die Hirsche, und es war so manche gute Stimme darunter.

In dem unwegsamen, wildromantischen Revierteil, in dem auch die Hütte stand, von der aus wir jagten, gab es eine tiefeingeschnittene Schlucht, welche der Standort eines Hirsches zu sein schien. Dort hatte der Baier schon wiederholt eine vielverheißende Stimme gehört, die er keinem ihm bekannten Hirsch zuordnen konnte. Wenn der Baier auch sein Wild recht gut kannte, so gab es doch manchmal auch für ihn eine Überraschung, wenn ein Hirsch plötzlich auftauchte, den niemand zuvor im Revier gesehen hatte. Und gerade solche Hirsche machen die Jagd ja spannend! Seit Wintergatter in Mode gekommen sind, gibt es solche Überraschungen leider, muß ich sagen, in manchen Revieren kaum mehr, denn das gesamte Rotwild steht während des

Winters im Gatter, und jeder Hirsch ist bekannt und bekommt meistens auch einen Namen, den er bis zu seiner Erlegung behält. Welche Perversion der Jagd!

Das gab es damals, Gott sei Dank, noch nicht, und im Maltatal ziehen die Hirsche auch heute noch das ganze Jahr über ihre Fährte in freier Wildbahn. Doch zurück zum Augenblick: Jedenfalls war der Hirsch, um den es hier geht, dem alten Baier von der Stimme her unbekannt. Diese Stimme konnte man zwar, wie er sagte, seit einigen Tagen in der Schlucht hören, aber an den Hirsch heranzukommen, schien bisher jedenfalls, unmöglich zu sein. Da war einmal der reißende Gebirgsbach am Grund der Schlucht, an dessen Ufern sich große, hinderliche Felsbrocken auftürmten. Die steilen Hänge beidseits bedeckte, nahezu lükkenlos, alter Fichtenwald, der weiter unten in dichtes, undurchdringliches Gestrüpp überging.

Da hinunter zu steigen, war wohl eher einem Hirsch als einem Jäger möglich. Deshalb hielt es der Baier auch für ausgeschlossen, den Hirsch anzugehen.

Doch er ließ uns jetzt keine Ruhe mehr! Die letzten Tage hatten wir die aussichtsreichsten Einstände des Reviers aufgesucht, hatten viele Gams und auch einige Hirsche gesehen, doch nur junge Hirsche, ein reifer, schußbarer war jedenfalls nicht darunter gewesen. Und wenn wir nach der Pirsch den steilen Weg zur Hütte hochstiegen und an der beschriebenen Schlucht vorbeikamen, dann war die Rede immer wieder von dem einem Hirsch unten in der Tiefe. Ob er wohl vom Nachbarrevier, das einem Baron gehörte, zugewechselt sein könnte, orakelte der Baier dann und überlegte immer wieder, wie ihm wohl doch noch beizukommen wäre. Irgendwann müßte er doch hochkommen, schließlich könne er nicht immer mit dem Kahlwild da unten bleiben, wo es keine Äsung gäbe. Das waren Fragen, die den Baier zunehmend bewegten.

Ich selbst verbrachte eine unruhige Nacht. In dem engen Raum der Hütte war es kalt, und von meinem harten Lager konnte ich, wenn ich wach war und grübelte, durch die winzigen Fenster die Sterne am nachtschwarzen Himmel funkeln sehen. Die Brunft war jetzt am Höhepunkt, und während der ganzen Nacht drang das

Schreien der Hirsche zu mir in die Kammer und übertönte das Rauschen das Baches, der dicht an der Hütte vorbeifloß.

Als wir am Morgen vor die Hütte traten, leuchtete draußen alles in Weiß. Das Quecksilber in dem alten Thermometer, das an der Hüttenwand hing, war unter Null gerutscht. Es blieb zwar noch dämmrig, doch die Bergspitzen waren schon in das rosige Licht der aufgehenden Sonne getaucht.

Auf den Hirsch in der Schlucht wolle er heute mit mir gehen, verkündete der Baier mir überraschend während des hastig eingenommenen Frühstücks. Auf einen Versuch wolle er es ankommen lassen. Vielleicht ließe sich der Hirsch beirufen, meinte er dabei und so stiegen wir den Steig hinunter, der von der Anhöhe, auf der die Hütte stand, hinüberführte zu der Schlucht, über der noch dichter, weißer Nebel hing. Ein schmaler Wildwechsel führte aus der Tiefe ihres Grundes nach oben und schien sich irgendwo im Hochwald zu verlieren. Genau dort, wo der Pfad die Schlucht verließ, setzten wir uns an.

Kaum zehn Meter vor uns fiel der Hang jählings in den Graben ab. Bequem den Rücken gegen einen Baum gelehnt, saßen wir voller Erwartung da. Irgendwo in der Ferne schrie ein Hirsch, sonst war es still, nichts störte die Ruhe des beginnenden Tages. Vom Tal zog der weiße Nebel jetzt hoch und zerfloß in einzelnen Wolken, die immer höher stiegen, um sich schließlich in Nichts aufzulösen. Nur einmal drang ein leiser Trenzer herauf aus der Tiefe, dann war es wieder still. Es dauerte eine ganze Weile bis der Hirsch in regelmäßigen Abständen zu schreien begann und der Baier antwortete, verhalten zuerst, dann sich allmählich steigernd und den Hirsch, der da unten wohl aufmerksam stand, mehr und mehr herausfordernd.

Zorniger werdend drang jetzt die Stimme des Hirsches in immer kürzeren Abständen zu uns herauf. Immer höher stieg derweilen der Tag, die Sonne hatte längst den höchsten Punkt überschritten und leuchtete jetzt klar über uns. Gespannt lauschten wir nach unten. Ich hielt beide Arme um die herangezogenen Knie geschlungen, quer im Schoß lag die Büchse, jederzeit griffbereit. Würde der Hirsch kommen, um den vermeintlichen Nebenbuhler zu vertreiben? Oder würde er es vorziehen, in seinem sicheren Einstand zu bleiben?

Noch ein letzter zorniger Schrei, dann verschwieg der Hirsch. Die Minuten verstrichen und es tat sich nichts. Eine halbe Stunde seit dem letzten Melden war inzwischen vergangen. Der Baier deutete hinüber zur Schlucht und schüttelte wie resigniert den Kopf. Er schien die Hoffnung, daß der Hirsch sich noch zeigen würde, aufgegeben zu haben.

„Wir gehen", flüsterte er mir zu, „es hat wohl keinen Sinn mehr, noch länger zu warten". Eben wollten wir uns erheben, als ich ein leises Steineln hörte, das, dessen war ich mir sicher, von dort kam, wo der Wechsel aus der Schlucht führte. Und da sah ich plötzlich das Haupt mit den nach vorn gerichteten Lauschern eines Alttieres am Rande der Schlucht erscheinen, dahinter aber ragte das imposante Geweih eines Hirsches hoch, und schon erschien auch alles, was zu dem Geweih gehörte.

Ich erinnere mich noch ganz genau an die vor Schreck weit geöffneten Augen des Hirsches, als er uns bemerkte. Auf die kurze Entfernung, es waren ja nicht mehr als ein paar Meter, konnte ich selbst das Weiße darin erkennen. Eine Sekunde, nicht länger, standen die beiden wie versteinert da, dann drehten sie auf der Hinterhand um, und wir hörten das Krachen und Poltern ihres unkontrollierten Rückzugs in die Tiefe der Schlucht, aus der sie gekommen waren. Aber das war schon keine Flucht mehr, was sich da abspielte, es war wilde Panik. Äste brachen, Steine schlugen gegeneinander und prasselten hinab in die Tiefe. Es hörte sich an, als ob ein vielköpfiges Rudel den Steilhang hinunterstürzte.

Ich glaube, mich hatte dieses plötzliche, unerwartete Zusammentreffen auf eine so kurze Distanz ebenso erschreckt, wie das Wild selbst. Der Baier aber hatte sich bald wieder gefaßt. Er erhob sich aus der Hocke, in der wir in den letzten Sekunden verharrt hatten, gab mir ein energisches Zeichen, ihm zu folgen, und rannte los, ich hinter ihm her. Dabei riß ich hastig meine Büchse von der Schulter.

Wir liefen am Rand der Schlucht entlang, der Baier weit vor mir her. Ich warf im Laufen einen Blick hinunter in den Graben und sah tief unten, wo das Gebüsch nur sehr schütter stand, das Alttier in rasanter Fahrt die Sohle durchqueren. Dahinter rannte der Hirsch, das Geweih tief in den Nacken drückend. Ohne zu überlegen, blieb ich stehen, fuhr mit der Büchse, die ich in der Hand trug an die Backe, und schon war der Schuß raus. Nach den sich überstürzenden Ereignissen der letzten Minuten, stand ich nun wie benommen da. Wie aus weiter Ferne hörte ich des Baier´s Stimme, und die klang nicht sehr freundlich! Da war irgendwie die Rede von unverantwortlicher Schießerei auf flüchtiges Rotwild und daß der Hirsch jetzt ein für allemal vergrämt sei und daß wir ihn nie wiedersehen würden. Ich wußte nicht recht, wie ich mich rechtfertigen sollte. Da gab es ja auch kaum eine Rechtfertigung! Alles sprach gegen mich. Ich hatte auf einen hochflüchtigen Hirsch aus einer ungünstigen Position geschossen und wußte nicht einmal, ob ich getroffen hatte. Und überhaupt war es hier nicht üblich, auf Rotwild zu schießen, das nicht klar angesprochen war, sondern nur auf Wild, das günstig stand und aller Wahrscheinlichkeit nach auch mit einem guten Schuß zur Strecke kommen konnte.

Mein Schuß aber war nicht mehr rückgängig zu machen, und das mußte der Baier schließlich auch einsehen. Er hörte dennoch eine ganze Weile nicht auf, sein Mißfallen lautstark auszudrükken. Ich konnte es ihm auch gar nicht übelnehmen. Nur mit Mühe vermochte ich ihn schließlich zu überreden, nachzusehen, was mein Schuß angerichtet oder nicht angerichtet hatte. Wir suchten einen Einstieg in die Schlucht und fanden ihn nach einiger Zeit auch. Es war ein halsbrecherischer Steig, dennoch kamen wir wohlbehalten unten an. In dem Gewirr von Fallholz, Felsbrocken und Büschen, zwischen denen sich der weiß schäumende, rasch fließende Bach seinen Weg suchte, war es schwer, sich zu orientieren und die Stelle zu finden, wo der Hirsch die Schlucht durchquert hatte. Es wäre wohl besser gewesen, wenn ich oben geblieben wäre und den Baier eingewiesen hätte. Aber dafür war es nun zu spät! Wir suchten lange, die Stimmung wurde dadurch nicht besser, und beinahe wären wir uns wegen des vermeintlichen Anschusses ernsthaft in die Haare geraten.

Der Baier suchte zwanzig Meter weiter bachabwärts als ich, fand aber keine Fährte, geschweige denn Schweiß und war schließlich überzeugt, daß ich vorbeigeschossen hatte. Ich selbst wollte so schnell nicht aufgeben, und meine Hartnäckigkeit lohnte sich schließlich: Auf einem Huflattichblatt fand ich einen Tropfen Schweiß, guten hellen und blasigen Schweiß und nun war ich mir sicher, daß der Hirsch einen tödlichen Schuß hatte. Als ich den Baier dann rief und ihm zeigte, was ich entdeckt hatte, nahm sein Gesicht einen ebenso ungläubigen, überraschten Ausdruck an wie vorher, als ich auf den flüchtigen Hirsch geschossen hatte.

Wir hatten nun leichtes Spiel. Die Schweißfährte war leicht zu halten, denn sie wurde zusehend stärker. Nach hundert oder zweihundert Metern, die wir größtenteils auf allen Vieren durch das Unterholz des steilen Hanges zurücklegten, standen wir vor dem längst verendeten Hirsch. Es war ein starker Eissproßenzehner und wie der Baier später feststellte, nicht jünger als elf oder zwölf Jahre. Nun schlug die Stimmung des alten Herrn aber um! Keine Rede mehr von „unverantwortlichem Schuß" und anderem mehr! Der Hirsch, der da lag, war reif, richtig und gut geschossen, auch wenn es ein Zufallstreffer war.

Es war übrigens der erste und auch der letzte Schuß, den ich auf einen flüchtigen Rothirsch abgegeben habe.

Die Bergung des Hirsches war recht schwierig. Ein paar Waldarbeiter, die weiter unten Holz schlugen, haben ihn später mit Hilfe eines Pferdes ins Tal hinabgezogen.

Ein Hirsch stürzt ab

Ich glaube, es war der doch glückliche Ausgang dieser Jagd, die den alten Baier bewog, mich auch für das nächste Jahr zur Hirschbrunft einzuladen. Wir trafen uns um die selbe Zeit, und wieder sollte es auf einen guten Hirsch gehen. Diesmal war es einer, den er schon kannte.

Er hatte seinen Einstand in der Nähe einer kleinen Hochalm, auf der früher ein alter Schafstall eingerichtet worden war, der aber schon viele Jahre nicht mehr benutzt wurde. Von dieser kleinen Almwiese, wo der verlassene Stall, geduckt an eine Felswand, lehnte, stieg der Wald steil hoch bis hinein in einen steinigen Hang, über dem sich terrassenförmige Felswände auftürmten, die durch kleine, kaum stubengroße Wiesen voneinander getrennt waren.

Von dort oben hatte der Baier den Hirsch einige Male melden hören, hatte ihn wohl auch einmal von der anderen Talseite für ein paar Minuten im Spektiv gehabt und als schußbar angesprochen. Der würde passen, meinte er bei meiner Ankunft, nur, wie ihm beizukommen wäre, das wisse er eigentlich auch nicht so recht. Sich im Schafstall anzusetzen, wäre zwar einen Versuch wert, aber man müsse „elend weit" nach oben schießen, sollte der Hirsch etwa auf einem der kleinen Lahner austreten. Und dann gäbe es noch die Möglichkeit „von hinten und oben" zu kommen. Ich konnte mir darunter nichts Rechtes vorstellen, denn oben gab es nur turmhohe Felswände, die beinahe senkrecht abfielen. Wie sollte man denn da bloß hinaufkommen? Aber der Baier hatte gewiß seine eigene Vorstellung von dem, was er von „hinten und oben" nannte, denn sein Revier kannte er wie seinen Hosensack und es gab wohl kein Fleckchen in dem großen Gebiet, wohin er seinen Fuß nicht schon einmal gesetzt hatte.

Von dieser zweiten Möglichkeit wolle er aber nur Gebrauch machen, wenn es mit dem Ansitz im Schafstall „nichts würde", verriet er mir noch. Und so zogen wir beide am nächsten Morgen mit einem guten Gefühl los. Es war, wie im Jahr zuvor, wieder Ende September und die hohe Zeit der Brunft.

Der Herbst begann, wenn auch noch zaghaft, seine Buntheit zu zeigen. Die Lärchen sind die ersten im Herbstwald, die sich verfärben, wie gelbe Tupfer waren sie eingestreut in das dunkle Grün des Fichtenwaldes. Nach kurzem Aufstieg hatten wir den Schafstall erreicht. Für ein Schaf mag er die rechte Höhe gehabt haben, wir Menschen aber mußten unsere Köpfe einziehen, um nicht gegen die rohen, schon morschen und spinnwebenverhangenen Dachsparren zu stoßen. Ein kleines Fenster gab den Blick auf den steilen Hang frei, auf dem der Hirsch austreten sollte. Es war nicht allzu bequem auf der schmalen, harten Bank, und im Stall roch es muffig nach Schafskot. Mehrere Pfeifen stopfte ich mir, um das Warten erträglicher zu machen und die Luft in dem Stall zu „verbessern“. Oben im Hang war alles noch dunkel und grau, aber zwischen den Felsscharten zeigte sich der erste fahle Schimmer des werdenden Septembertages, und bald tauchten die ersten Sonnenstrahlen die grauen Felsen in leuchtendes Rosa. Unten vom Tal drang gedämpftes Glockenläuten zu uns herauf.

Ich saß, in Gedanken versunken, auf meinem harten Sitz, und erst als der Baier mich mit seinem Ellenbogen anstieß und ich, aufmerksam geworden, mein Ohr gegen das offene Fenster hielt, vernahm ich von oben die Stimme des Hirsches. Von weit her schien sie mir zu kommen.

Das sei schon der erwartete Hirsch, meinte der Baier. Da er überriegelt stehe, sei seine Stimme nur so leise zu hören. Der Hirsch meldete in immer kürzeren Abständen, trat aber nicht aus. Die oberen Lahner, die ich nun gut einsehen konnte, blieben leer. So verging eine Viertelstunde nach der anderen. Inzwischen war der schönste Morgen angebrochen: Hell erhoben sich die sonnenbeschienenen Felsspitzen in den stahlblauen Himmel. Lange Zeit saßen wir da und beobachteten die Hänge über uns, aber der Hirsch wollte sich einfach nicht zeigen.

Ich hätte mir nun gewünscht, den Stall verlassen zu können und das Glück auf der Pirsch zu suchen, aber der Baier schien die Hoffnung immer noch nicht aufgegeben zu haben. Doch nach einer weiteren halben Stunde war auch er des Wartens überdrüßig und drängte zum Aufbruch. Offensichtlich war er nun bereit, die zweite Möglichkeit an den Hirsch heran zukommen und von der er zuvor gesprochen hatte, zu versuchen. Als wir aus dem Stall ins Freie traten, meldete der Hirsch immer noch.

Wir gingen den Steig zurück, den wir gekommen waren, weit genug, um den Hirsch nicht zu vergrämen, denn der Wind stand nun nach oben, wandten uns dann der Bergseite zu, den schmalen Gürtel von Hochholz durchquerend und stiegen über die steilen Wiesen bis zu den Felsen hoch. Schließlich hatten wir auch diese Barriere überwunden und waren hinter dem Grat angelangt. Jetzt ging es eilends auf der anderen Seite des Grates zurück in Richtung Schafalm. Es dauerte nicht lange, dann waren wir über der Schafalm angekommen und hatten jene Felswände erreicht, die steil zu den Lahnern abfielen, die wir vom Stall aus beobachtet hatten. Der Baier kletterte die letzten Meter zum Grat hoch, nahm seinen Hut ab, schob sich vorsichtig zur Kante vor und schaute hinunter. Wir schienen am richtigen Ort angelangt zu sein, denn er gab mir ein stummes Zeichen, rasch zu ihm hochzukommen. Geduckt schloß ich zu ihm auf, legte mich neben ihm auf den Bauch und robbte vorsichtig an die Felskante heran bis ich, über sie hinweg, nach unten sehen konnte. Die Wand unter uns fiel, kirchturmhoch, beinahe senkrecht ab. Nur mit Mühe konnte ich ein Schwindelgefühl unterdrücken.

Am Fuß der Wand zog sich ein kaum zwanzig Schritte langer und halb so breiter, grasbewachsener Streifen entlang, der ein schmales Plateau bildete. Und mitten auf dieser kleinen Wiese stand der Hirsch, legte gerade sein Haupt zurück und schrie laut ins Tal hinunter. Den Hirsch aus dieser Vogelperspektive zu sehen war eine eigenartige Sache. Er schien nur aus Rücken, Träger und Geweih zu bestehen, denn das war schon alles, was ich von ihm erkennen konnte.

„Der ist richtig! Schießen´s den!“ raunte mir der Baier leise zu. Aber das war leichter gesagt als getan. Ich hatte große Mühe den Lauf meiner Büchse so steil nach unten zu richten, um sicher ins Ziel zu gehen. Einen halben Meter noch mußte ich mich wohl nach vorn schieben und hing nun förmlich über dem Abgrund. Aber der alterfahrene Jäger hielt mich an den Beinen fest und das gab mir die nötige Sicherheit. Ich zielte mit Sorgfalt auf die Stelle, wo der starke Träger in den Rücken überging, stach ein

und zog den Abzug. Der Schuß riß den Hirsch von den Läufen und warf ihn auf den Rücken. Für einen kurzen Augenblick ragten die Läufe nach oben, verschwanden dann, kamen wieder zum Vorschein und verschwanden erneut. Zwei oder drei solche Drehungen machte der Hirsch, rollte auf die Kante zu, die das kleine Plateau begrenzte, rutschte über sie hinweg und stürzte in die Tiefe. Ein kurzes Prasseln und Gepolter von Steinen drang zu uns herauf, dann war es totenstill.

Wir sahen uns stumm an und jeder mag wohl die gleiche Befürchtung gehabt haben: Wie hat das Geweih den Absturz des Hirsches überstanden?

Wir begaben uns auf den Weg zurück zum Schafstall, denn dort irgendwo mußte ja der Hirsch nach seinem Sturz in die Tiefe angekommen sein. Ein alter Steig führte vom Stall hinauf in die Lahner unter den Felswänden und dort fanden wir den Hirsch. Ihm fehlten beide Stangen und auch das Wildpret sah schlimm aus. Da war wohl kein Knochen, der nicht mehrfach gebrochen war. Wir bargen den Hirsch und am nächsten Morgen begab ich mich auf die Suche nach den Geweihstangen, und zu meinem Erstaunen fand sich alles, bis auf einige kleine Bruchstücke. Es war dann das reinste Puzzlespiel, aus den vielen Teilen das Geweih zusammenzufügen, aber es gelang zufriedenstellend, wenn auch ein „Fachmann“ erkennen kann, daß mit diesem Geweih etwas geschehen sein mußte, und das ist dann für mich immer der Anlaß die Frage nach der Ursache mit einer ausführlichen Erzählung zu beantworten.

Auf Gams in der Steiermark

Wir stiegen langsam den Hang hoch. Am Tag zuvor hatte es geschneit, und als wir weiter nach oben kamen, lag der Schnee kniehoch. Der Wald war tiefverschneit, und die Äste der Fichten bogen sich unter der Last des Neuschnees weit nach unten. Es war kalt, der Schnee fein und pulvrig, und wenn der Steig steil anstieg, fanden die Profile der Schuhsohlen kaum Halt.

Hatten wir abschüssige Grashänge zu überqueren, so hieß es gewaltig aufpassen, um nicht ins Rutschen zu kommen. Vor mir spurte der Jäger mit gleichmäßigen Schritten. Hinter ihm bemühte sich seine alte Dachsbracke in der Spur ihres Herrn zu bleiben und sprang von Fußstapfen zu Fußstapfen. Doch wenn eine frische Fährte unseren Weg kreuzte, dann scherte sie aus und folgte ihr mit tiefer Nase ein Stück weit, um bald wieder wie reumütig ihren Platz hinter dem Jäger einzunehmen.

Der Steig zog sich eine Zeitlang am Rande des Hochwaldes entlang und führte dann in engen Serpentinen zwischen den hohen Fichten hindurch nach oben. Nach etwa einer Stunde hatten wir das Felsplateau oberhalb der Baumgrenze erreicht. Vor uns erhob sich das gewaltige Massiv des „Großen Buchsteins". Jäh fiel seine Wand vom Gipfel nach unten, oben ragten einige hundert Meter glatter fast senkrechter Fels, auf dem sich kein Schnee hielt, weiter unten türmten sich schneebedeckte Schroffen auf, an die sich einige steile Kare anschlossen, die schließlich in eine tiefeingeschnittene Schlucht am Fuß des Berges ausliefen.

Auf dem Plateau, das sanft gegen den Berg hin anstieg, fiel das Gehen leichter. Der Wind hatte den meisten Schnee weggeblasen, und wir sanken nicht mehr so tief ein. Nach einer weiteren halben Stunde hatten wir den Rand der Schlucht erreicht. Ein schneidender Wind kam aus der Tiefe und trieb Fahnen von feinen Eiskristallen vor sich her. Gedämpft drang das Brausen des Baches aus der Tiefe der Schlucht herauf.

Der Jäger wies auf einen kleinen Sitz, der an den Rand des Abgrundes gebaut war und der mir jetzt erst auffiel. „Setzn`S Eahna" sagte er mit einladender Geste, als wollte er mich bitten, auf einem bequemen Sofa Platz zu nehmen. Ich nahm meinen Rucksack ab und zwängte mich zwischen das schmale Brett, das als Sitz diente und die dünne Fichtenstange, der einzigen Barriere zum Abgrund hin, der wohl dem Unbedachten den sicheren Tod bringen konnte.

Der Sitz stand, nein, er schwebte, gleich einem Adlerhorst, in der Felswand über der Tiefe. Wie von einer Kirchturmspitze blickten wir so in die Schlucht hinein. Ich schob den Schnee von dem Brett und setzte mich. Saß man einmal, so blieb zwischen Sitz und Abgrund nicht viel mehr Platz als für ein Paar Füße normaler Schuhgröße. Wenn man von dem Risiko, das eine so exponierte Position mit sich brachte, einmal absah, so war der Standort des Sitzes gut gewählt; denn entgehen konnte einem aus dieser „Vogelperspektive" nichts: Nach vorne blickte man hinunter auf den Grund der Schlucht, wo sich am Fuß des „Großen Buchsteins" ein größeres Latschenfeld ausbreitete, linkerhand ging die Schlucht in einen breiten Graben über, den man ebenfalls vollständig einsehen konnte und der, nach oben hin flacher werdend, in das Plateau auslief.

Ich war noch in Gedanken mit der doch wohl eigenwilligen Konstruktion des Sitzes beschäftigt, als vom „Großen Buchstein" her ein dumpfes Donnern zu uns herüber drang. Ich schaute hoch zum Himmel. Ein Wintergewitter? Aber der Himmel war doch klar, zwar etwas dunstverhangen, aber ohne eine einzige Wolke. Da stieß mich der neben mir sitzende Jäger mit dem Ellenbogen an und deutete hinüber zum Berg: In einer zwischen zwei Felswänden verlaufenden Rinne wälzte sich eine riesige Wolke von Schnee und Staub zu Tal. Eine Lawine! Das dumpfe Poltern hielt noch an als sie bereits den Boden der Schlucht erreicht hatte. Das Sehen und das Hören dieses eindruckvollen Schauspiels stimmten für ein paar Sekunden nicht überein. Es war eben doch recht weit hinüber zu der Rinne, wo die Lawine abgegangen war, offensichtlich weiter, als es den Anschein hatte. In den Bergen kann man sich, wie ich schon oft erfahren hatte, in den Entfernungen sehr leicht täuschen; denn die Luft ist klar und unverschmutzt, manches erscheint einem so zum Greifen nahe und ist doch weit entfernt. Das macht es auch für den nicht ansässigen Jäger schwer, die Entfernung zum Wild einzuschätzen, und man tut als Gast gut daran, sich auf die Meinung des begleitenden einheimischen Jägers zu verlassen, wenn es gilt, über größere Entfernungen zu schießen.

Wir hatten uns inzwischen auf dem Sitz, so gut es eben ging, eingerichtet und begannen die Gegend mit unseren Gläsern abzusuchen. Doch es tat sich noch nichts unter uns. Da war nirgendwo ein dunkler Fleck auf dem Weiß des Schnees zu entdecken, der es wert gewesen wäre ihn genauer in Augenschein zu nehmen. Aber wir hatten ja Zeit, der ganze Tag lag noch vor uns! Vom Steigen hungrig und durstig geworden, genossen wir erst einmal, was wir aus unseren Rucksäcken holten, ließen uns Brot und Speck schmekken und wärmten uns an dem heißen Tee aus der Thermosflasche auf. Es war kalt und der heiße Tee tat gut. Handschuhe und Mütze, die wir während des Steigens ausgezogen hatten, waren längst wieder da, wo sie hingehörten, denn immer noch blies ein schneidender Wind über die Kante hoch, die uns vom Abgrund trennte. Noch steckten wir warm in unseren Kleidern und hatten deshalb auch keine Eile; ein paar Stunden sollten wir es hier schon aushalten können. Auf der Gamsjagd drängt die Zeit auch nicht: Es ist etwas anderes, als auf Hirsch oder Rehbock zu pirschen, wo die erste und die letzte halbe Stunde des Tages, die kurze Spanne zwischen Tag und Nacht, die entscheidende ist. Gamswild ist Tagwild, und man bejagt es während des hellen Tages. Neigt sich der Tag dem Ende zu und ziehen die ersten dunklen Schatten in die Täler, dann heißt es für den Gamsjäger, der sich hoch oben in der „Gamsregion" befindet, absteigen zu der Hütte, die er morgens verlassen hatte; denn dort, wo man Gams jagt, braucht es einen sicheren Tritt und der bedarf des klaren Tageslichtes.

Zwei Stunden, vielleicht auch etwas länger, mögen wir so gesessen haben; die Uhr ging gegen elf, und die Kälte begann sich nun doch bemerkbar zu machen. Von den Füßen kroch sie langsam am Körper hoch, denn unser Sitz ließ kaum eine Bewegung zu, und das stille Verharren beschleunigte die Auskühlung des Körpers. Da kam endlich Bewegung in die Landschaft. Aus dem Latschenfeld unter uns schoben sich zwei Gams hervor, denen bald andere folgten. Nach einer Weile hatte sich ein gutes Dutzend am Boden der Schlucht versammelt. Gut 200 Meter unter uns begannen sie, an den wenigen aperen Stellen, dort wo der Wind den Schnee weggeblasen hatte, zu äsen; sie schlugen da und dort mit den Läufen Grasbüschel frei.

Gamswild zu beobachten, hat etwas Beschauliches und Beruhigendes für den Jäger. Außerhalb der Brunftzeit ist es ein verträgliches und anmutiges Wild, dem man daher gerne zuschaut. Da gibt es kein hastiges Äsen und kein ständiges Aufwerfen, um nach vermeintlichen Feinden Ausschau zu halten, denn es hat keine Feinde außer dem Menschen, und der zeigt sich nur selten in den abgelegenen und schwer zugänglichen Gebieten, wo die Einstände des Gamswildes sind. Es ist ein „ursprüngliches" Wild, das sich weder eingattern läßt noch Fütterungen annimmt. Nicht zuletzt diese Eigenschaften sind es, die das Gamswild dem Jäger so begehrenswert machen.

Was da tief unter uns aus den Latschen hervorgekommen war, erwies sich bald als eine Gruppe von Kitzgeisen, einigen Jährlingen und zwei jungen Böcken. . Das jedenfalls war der erste Eindruck, den wir beim Blick durch das Fernglas hatten. Mehr als ein grobes Ansprechen erlaubt das Fernglas ja nicht, zumal wenn das Wild weit entfernt ist. Will man es genau wissen und gilt es vor allem zu entscheiden, ob sich in einem Rudel etwas Jagdbares befindet, so ist das Spektiv unerläßlich. Das hatte mein Begleiter inzwischen seinem Rucksack entnommen und in Position gebracht. Lange sah er nach unten, seine Beobachtung von Zeit zu Zeit unterbrechend, um mir Hinweise auf Alter und Geschlecht der unter uns äsenden Gams zu geben. Das genaue Ansprechen von Gamswild ist, das wird jeder, der diese Wildart schon bejagt hat, bestätigen können, eine Wissenschaft für sich. Mir jedenfalls erscheint es viel schwieriger als das Ansprechen anderer heimischer Wildarten. Das hat für mich natürlich vor allem seinen Grund in der mangelnden Übung, denn welcher Jäger aus dem Flachland hat schon die Möglichkeit, dieses Wild oft genug zu bejagen, um sich die nötige Routine im Ansprechen anzueignen? Aber auch für den Erfahrenen kann es eine schwierige Aufgabe sein: Stärke und Höhe der Krucken, ihre Hakelung, die Figur der Gams, das Verwaschensein der „Zügel" im dickbackigen Gesicht und nicht zuletzt die Länge des Pinsels sind zwar wichtige Hinweise, aber auf große Entfernung kaum genau genug zu erkennen. Das macht alles so schwer. Die Zuordnung eines Kitzes zur Geis ist allein schon eine so schwierige Aufgabe, daß sie der Ungeübte kaum zu lösen im Stande ist.

Da gab es eine Geis im Rudel, die alt war und die von meinem Jäger als „Einsergeis" angesprochen wurde und der er auch ein schwaches, schlecht verfärbtes Kitz zuordnen konnte. Beide, so meinte er, „würden passen", nachdem er sie nochmals eingehend durch das Spektiv betrachtet hatte. Es dauerte eine Weile bis wir uns verständigt hatten, um welche Geis und welches Kitz es sich handelte. Beide standen in der Nähe eines großen quaderförmigen Felsbrockens, auf dem Latschen wuchsen und konnten somit nicht so leicht mit den anderen in der Umgebung äsenden Geisen und Kitzen verwechselt werden. Dies schien also kein Problem. „Zuerst das Kitz und dann die Geis", hatte mir der Jäger die Reihenfolge vorgegeben.

Den Lauf des Gewehres beinahe senkrecht nach unten zu richten, um ins Ziel zu gehen, war eine viel schwierigere Aufgabe, denn dazu mußte ich mich weit nach vorne lehnen und auf die querliegende Fichtenstange aufstützen, vertrauensvoll darauf bauend, daß die Stange meinem Gewicht standhalten würde. Nach einigen Korrekturen meiner Position hatte ich das Kitz schließlich im Zielfernrohr und schoß. Aber es fiel nicht. „Vorbeigeschossen", dachte ich und schickte mich an, nochmals zu schießen. Mein Begleiter, der meinen Schuß im Fernglas verfolgt hatte, war anderer Meinung. „Es hat gezeichnet und hat den Schuß", meinte er, „schießn´s jetzt auf die Geis!" Was blieb anderes übrig, als der Aufforderung des erfahrenen Jägers nachzukommen. Es war auch gar nicht die Zeit, um lange Diskussionen zu führen. So tat ich denn, wie mir geheißen war, und zu meiner großen Erleichterung blieb die Geis auch im Feuer.

Die beiden donnernden Schüsse aber waren zuviel für das Kitz und das übrige Rudel gewesen. Alles setzte sich in Bewegung und war mit ein paar Sprüngen in den Latschen verschwunden. Da waren keine Zeichen bei dem Kitz festzustellen, die darauf hingedeutet hätten, daß es getroffen war. Es war eine recht unbefriedigende Situation. So schwach wie das Kitz war, würde es einen harten Winter ohne seine Geis wohl nicht überstehen, also mußten wir alles daran setzen, es doch noch zu bekommen. Aber mehr als geduldig zu warten, konnten wir zunächst nicht tun. Wir saßen noch recht lange da und froren bald erbärmlich. Dann erschien das Kitz doch wieder, zwar nicht mehr an derselben Stelle, wo es zuvor gewesen war, sondern etwas oberhalb, dort, wo die Schlucht in den Graben überging, und war jetzt sogar näher als zuvor. Und diesmal schoß ich nicht vorbei. Froh darüber, daß dieser Hegeabschuß doch noch geglückt war, aber auch, daß wir nun endlich unseren unbequemen und zugigen Sitz verlassen konnten, packten wir zusammen und machten uns auf den Weg.

Das Wild mußte geborgen werden, und das hieß, hinabsteigen in die Tiefe der Schlucht. Zunächst ging es ein Stück talwärts, bis wir auf einen Pirschpfad stießen, der nach unten führte. Es war ein halsbrecherischer Steig, der durch einen steilen, steinigen Hang in die Tiefe ging. Mag es im Sommer schon kein Vergnügen gewesen sein, da hinunterzusteigen, im Winter bei Schnee und Eis war es ein gefährliches Unterfangen. Nur meinem Bergstock, von dem ich fleißig Gebrauch machte, hatte ich es zu verdanken, daß ich heil unten ankam.

Wildromantisch war es dort unten: Da war der Bach, der, in sein enges Bett gepreßt, schäumend über wildes Steingeröll sprang. Große Steine und Felsbrocken bedeckten allenthalben den Boden der Schlucht, Zeugen der gewaltigen Wassermassen, die im Frühjahr, wenn der Schnee schmilzt, talwärts brausen. Zu unserer Rechten begrenzten steile, fichtenbewachsene Hänge die Schlucht und links von uns stiegen zerklüftete Felswände hoch, die von latschenbewachsenen Rinnen und Gräben durchschnitten waren.

Von dieser herrlichen und imposanten Kulisse begleitet, suchten wir unseren Weg zwischen Geröll, Felsbrocken und angeschwemmten toten Bäumen nach oben zum Fuß des „Großen Buchsteins". Wir hatten die Hälfte des Weges hinter uns gelassen, als ein scharfer Pfiff aus der Wand zu unserer Linken zu vernehmen war. Gams! Auf einem Felskopf standen fünf oder sechs von ihnen und äugten zu uns herunter. Noch schienen sie die Ursache der Störung nicht genau erfaßt zu haben. Rasch duckten wir uns hinter einem Felsbrocken, und mein Begleiter holte das Spektiv aus seinem Rucksack ohne welches auf der Gamsjagd nichts geht. Einer etwas abseits stehenden Gams galt sein besonderes Interesse. Als recht alte Geis, die kein Kitz führte, sprach er sie schließlich an, und da die Entfernung bis zu dem Felskopf, auf dem sie stand, nicht allzu groß war, jedenfalls nicht mehr als etwa einhundert Meter, konnte auch ich durch mein Fernglas die Zeichen hohen Alters an der Geis erkennen. Da waren die „Zügel“ auf dem breiten Haupt, das auf einem dünnen Träger saß, schon stark verwaschen.

„Die wär´ zum Schieß´n“, meinte der Jäger. Aber oben liegen bleiben dürfte sie nicht, gab er mir zu bedenken, denn dann „müßten wir einen Bergsteiger holen, um sie zu bergen“. Das hieß auf gut deutsch, daß ein sicherer Schuß gefragt war, der die Gams von den Läufen riß und sie abstürzen ließ. Ich hatte Glück; der Knall meines Schusses und der Sturz der Gams gingen ineinander über. Sie überschlug sich, kam ins Rutschen, und in wilder Fahrt sauste sie die schneegefüllte Rinne, die sich unterhalb des Felskopfes befand, nach unten, eine Fahne von aufwirbelnden Schnee hinter sich herziehend. Vor unseren Füßen kam sie zu liegen. Ein rascher Griff nach den Krucken, um sich zu vergewissern, daß sie bei dem Sturz auch heil geblieben waren, dann neugierig ihre Nackenhaare nach unten gestreift, um die Jahresringe zu zählen. Vierzehn davon waren vorhanden wie wir gemeinsam feststellten. Eine wahrlich alte Geltgeis lag da vor uns. Ohne Zweifel auch ein guter Hegeabschuß!

Wir ließen die Gams da, wo sie lag und wo wir unsere blutige Arbeit verrichtet hatten und setzten unseren Weg fort, um die beiden anderen zuvor erlegten zu bergen. Wir hatten nur noch eine kurze Strecke zu gehen, um das Ende der Schlucht und das Latschenfeld zu erreichen, wo sie lagen. Als wir ankamen, war die Sonne im Untergehen, die Schlucht lag bereits im tiefen Schatten, nur auf die Wand weit oben, wo wir gesessen hatten, fielen ihre letzten Strahlen, und als ich hochblickte, konnte ich das im letzten Sonnenlicht hell schimmernde Holz des Sitzes erkennen. Von unten sahen die darunter abstürzenden Felsen noch gewaltiger und bedrohlicher aus.

Wir schränkten die Läufe der beiden Gams, schulterten sie mit unseren Bergstöcken und begannen den Abstieg.

Zum Wilderer geworden

Meine Großmutter pflegte zu sagen: Es gibt Tage, die gehören dem Teufel, und da kann alles passieren. Ich glaube ein solcher Tag war es, als ich damals in der CSSR auf der Rehbockjagd war. Es fällt mir schwer, diese Begebenheit so zu erzählen, wie sie ablief, denn was ich an diesem Tag getan hatte, war schlicht nichts anderes als Wilderei.

Das Einzige was ich zu meiner Rechtfertigung vorbringen kann, ist, daß ich erst später erfuhr, daß wir in einem fremden Revier gejagt hatten. Aber dieses „Wildern“ war es nicht allein, was mir ein schlechtes Gewissen bescherte. Der Verstoß selbst ist ja längst verjährt, und einen der Beteiligten deckt schon der grüne Rasen. Das macht es mir etwas leichter darüber zu berichten.

Es war in der ehemaligen Tschechoslowakei, nicht weit von Karlsbad entfernt, wohin ich durch einen deutschen Freund zur Rehbockjagd eingeladen worden war. Ich hatte damals noch kein eigenes Revier und war daher für solche Einladungen dankbar. Das betreffende Revier wurde von einer Gruppe tschechischer Jäger bejagt. Der Vorsitzende dieser Jagdgenossenschaft, ein Parteifunktionär, hatte die Einladung über meinen deutschen Freund ausgesprochen. Er hatte im Revier eine kleine Jagdhütte, in der er oft tagelang hauste, wenn ihm der Schichtbetrieb der Zeche, auf der er arbeitete, dies erlaubte. Jedes Mitglied der Jagdgenossenschaft hatte jährlich einen oder zwei Böcke frei, und ich sollte einen davon, der Zento, so hieß mein Gastgeber, zugeteilt war, erlegen.

Es war ein herrliches Revier in der Nähe des Kaiserwaldes in einer Landschaft mit Hügeln und Tälern gelegen, in denen Forellenbäche flossen und in welches kleine Wäldchen eingestreut waren, ein ideales Rehwildrevier also. Starke Böcke sollte es dort geben, so hatte man mir gesagt. Die Hütte stand in einem Wiesengrund mitten im Revier, von Wald und Wiesen umgeben, und unterhalb der Hütte gab es, dicht am Waldrand, eine Quelle mit einem Tümpel, in dem sich das eiskalte Quellwasser sammelte. An die erfrischenden Bäder in diesem Tümpel, die Augusttage waren in diesem Jahr nämlich heiß und schwül, kann ich mich noch gut erinnern.

An einem solchen Tag waren wir morgens mit dem Auto losgefahren, um nach Böcken Ausschau zu halten. Die Blattzeit hatte zwar den Höhepunkt schon überschritten, die Böcke aber standen noch bei den Geisen. Wir waren lange kreuz und quer durch das Revier gefahren, hatten an den aussichtsreichsten Plätzen geblattet, ohne einen schußbaren Bock zu sehen, bis mich Zento schließlich in ein Wiesental einwies. Dort wäre immer Rehwild anzutreffen, versicherte er mir. Es war ein idyllisches Tal mit saftigen Feuchtwiesen, die einer der genannten Forellenbäche durchfloß. Beidseits des Wiesengrundes erhoben sich die mit Fichtenhochwald bestandenen Hügel des Böhmerwaldes. Am Beginn des Tales ließen wir unseren Wagen stehen und begaben uns auf die Pirsch.

Das Tal war breit und lang und auf der einen Seite zog sich ein Holzabfuhrweg entlang von dem aus man weit in das Tal hineinsehen konnte. Diesen Weg am Fuß der Hügel pirschten wir in das Tal hinein. Unter den hohen Fichten war es schattig und kühl, und nur gefiltert drang das grelle Sonnenlicht durch die dichten Fichtenkronen und sprenkelte den mit braunen, trockenen Nadeln bedeckten Boden in bizarren Mustern. Unten im Wiesengrund waberte die warme Luft über dem hochstehenden Gras und verwischte die Konturen. Allmählich wurde das Tal schmäler, der Weg führte nun nach unten und näherte sich dem Waldrand. Wir blieben stehen und nahmen unsere Gläser zur Hand, denn von hier konnten wir, die unter uns liegenden Wiesen gut überblicken.

Beinahe gleichzeitig sahen wir beide den Bock, der da unten in den Wiesen stand. Aus dem hohen Gras ragten nur Haupt und Träger, die weißen Enden an dem kapitalen Gehörn blitzen in der Sonne. Kaum hundert Meter war er von uns entfernt, nicht zu weit für einen Schuß. Ich wandte mich zu Zento, der hinter mir stand und aufgeregt leise Selbstgespräche in seiner Muttersprache führte. Ob ich denn schießen sollte, wollte ich von ihm wissen, und da nickte er auch schon heftig mit dem Kopf.

Ich nahm rasch meine Büchse von der Schulter und strich an einem Baum an. Gleich hatte ich den Wildkörper im Zielfernrohr und raus war der Schuß und der Bock von der Bildfläche verschwunden. Doch kaum war das Echo des Schusses verhallt, sah ich ein Stück Rehwild durch das hohe Gras zur gegenüberliegenden Talseite ziehen. Ist es der Bock, den ich vielleicht vorbeigeschossen habe, oder ist es eine Geis, die bei dem Bock stand und die ich zuvor nicht gesehen hatte? Ich war mir sicher, gut abgekommen zu sein. Das von mir beschossene Stück sollte eigentlich liegen. Um mich zu überzeugen, wollte ich gleich hinuntersteigen in den Wiesengrund, doch Zento hielt mich zurück.

„Nicht so eilig", mahnte er und legte mir dabei die Hand auf die Schulter. Zurück zur Hütte wollte er erst, soweit konnte ich sein gebrochen gesprochenes Deutsch verstehen, und so machten wir uns auf den Weg zu unserem abgestellten Wagen und fuhren zu seiner Hütte.

Dort begann Zento, gemächlich seine Angelutensilien zusammenzusuchen. „Eigenartig", so dachte ich mir, „was will er denn jetzt mit dem Angelzeug, wo doch der Bock in der Wiese liegt?" Und so fuhren wir wieder zurück in das Wiesental, wateten durch das hohe Gras hinüber zur Mitte der Wiese, wo wir den Bock vermuteten.

Zento hielt die Angelrute in der Hand und hatte den, aus Weiden geflochtenen Fischkorb, über der Schulter hängen. Da war auch schon der Forellenbach, den wir durchquerten, wobei ich meinte, ein kurzes Zögern bei Zento erkennen zu können. Aber nun waren wir bereits am anderen Ufer und ein paar Schritte vom Ufer des Baches entfernt lag der vermeintliche Bock. Ein paar rasche Schritte und ich stand davor, bückte mich, um mit der Hand in die Krone zu fassen und hielt wie erstarrt inne. Da war kein Gehörn an diesem Stück Rehwild. Das Haupt war blank! Was da vor mir lag, war kein Bock, es war eine Geis! Ich konnte es kaum fassen, blickte hilfesuchend hoch zu Zento, der neben mir stand. Aber er war genauso ratlos wie ich. Im Gegensatz zu mir, faßte er sich rasch wieder, gab mir ein unmißverständliches Zeichen, ihm zu folgen, machte selbst sofort auf dem Absatz kehrt, und watete durch den Bach und eilte durch die Wiese auf unser abgestelltes Fahrzeug zu. Ich folgte ihm wie benommen.

Erst als wir wieder im Auto saßen und auf dem Weg zurück zur Hütte waren, wobei Zento Andeutungen über die Reviergrenze machte, begann ich zu begreifen: Das Stück Rehwild lag im Nachbarrevier, denn der Bach bildete die Grenze zwischen Zento´s Revier und dem Revier einer anderen Jagdgenossenschaft! Als ich den Schuß abgegeben hatte, war Zento sich nicht sicher gewesen, ob das beschossene Stück sich noch in seinem oder bereits im Nachbarrevier befand, denn der Bach, die Grenze, war durch das hochstehende Gras nicht erkennbar gewesen. Deshalb also hatte er sich als Angler verkleidet, um nachzusehen, auf welcher Seite des Baches der vermeintliche Bock lag.

Das hatte ich natürlich nicht wissen können, und es war auch ganz und gar nicht in meinem Sinne, denn: Wilderei zu begehen, war wirklich nicht meine Absicht gewesen. So konnte ich mich, unschuldig wie ich mich im Grunde fühlte, nur über den Einfallsreichtum und die Unverfrorenheit Zento´s wundern, ja, ich mißbilligte sein Verhalten. Aber wie war es zu dieser verhängnisvollen Verwechslung von Bock und Geis gekommen. Denn das ging ja auf mein Konto! Warum lag da, anstelle des Bockes, den ich eindeutig gesehen, und auf den ich zu schießen geglaubt hatte, ein weibliches Reh? Daß ein Bock in der Wiese gestanden hatte, war schließlich eine Tatsache, wir beide hatten ihn ja deutlich genug gesehen. Es konnte also keine Täuschung gewesen sein. Wo aber war er geblieben? Ich hatte nur eine Erklärung dafür: Da mußte vor dem Bock eine Geis im hohen Gras gelegen oder gestanden haben, die sich in der Zeit zwischen meinem Ansprechen mit dem Fernglas und der Abgabe des Schusses vor den Bock geschoben hatte. Die Geis war im Feuer geblieben und was ich nach dem Schuß die Wiese durchqueren sah, war der Bock gewesen.

So klärte sich schließlich alles „in etwa“ auf, was jedoch mein schlechtes Gewissen, das ich auch heute noch habe, in keiner Weise beruhigte. Zum Wilderer war ich zwar ohne eigene Schuld geworden, aber die Verwechslung von Bock und Geis ging einzig und allein auf meine Verantwortung!

So ernst und bedauerlich dieser Vorfall auch war, so hatte er doch auch seine komische Seite, denn als wir am nächsten Abend irgendwo auf einem Hochsitz saßen - wir befanden uns diesmal mitten im Revier - trat ein Bock aus und als ich Zento auf ihn aufmerksam machte, sagte er zu mir in seiner lakonischen Art: „Herr Doktor, wenn sein Bock, bitte schissn, aber nicht wieder schissn Geis!"

Ein weißer Schwan...

Es war kurz nach der Vereinigung von Ost- und Westdeutschland, und erste Kontakte unter den Jägern beider Teile wurden geknüpft. Ich wurde mit einigen Freunden zur Gänsejagd in die Mark Brandenburg eingeladen. Da gab es ein kleines Dorf im Oderbruch, von den Altwässern des Stromes umgeben, und nicht weit davon entfernt breitete sich ein großer See, der zu Zeiten der Planwirtschaft zur Fischzucht eigens angelegt worden war. An diesem See kamen im Herbst, auf ihrem Weg in den Süden, Tausende von Saat- und Bläßgänsen, blieben einige Wochen, um dann wieder weiterzuziehen. Gutes Gänsejagen sollte an diesem See zu erwarten sein, wenn man nur zur rechten Zeit da war und wenn man in einer Gruppe jagte, die diszipliniert schoß.

Anfang November, zu Beginn der Jagdzeit hat man gewöhnlich am meisten Erfolg, denn da sind die Gänse noch nicht beschossen. Sind sie aber bereits mehrmals bejagt worden, so verhalten sie sich vorsichtig und fliegen hoch. Man sollte erst dann schießen, wenn man ihre Ruder deutlich erkennen kann, sagt man. Das aber ist nur ein grober Anhaltspunkt, denn bei schlechten Lichtverhältnissen mag man manchmal die Ruder nicht mehr sehen, und die Gänse mögen doch in Schußentfernung sein. Aber im allgemeinen werden sie zu früh beschossen, es sind große Vögel und man kann sich leicht in der Entfernung täuschen. Das führt dazu, daß viele von ihnen krank geschossen werden oder sie so scheu gemacht werden, daß sie dann für den Jäger zu hoch streichen. Besonders für denjenigen, der das erste Mal Gänse bejagt und der zuvor nur Enten beschossen hat, ist es schwer, die Entfernung richtig einzuschätzen, denn die Gänse sind, wie schon angedeutet, größer als Enten und wirken dadurch näher, als sie eigentlich sind. Auch ihre Fluggeschwindigkeit wird meistens unterschätzt: Gänse fliegen schneller und sind im allgemeinen weiter entfernt, als man annimmt. Trübes und regnerisches Wetter ist ideal für die Gänsejagd, klarer Himmel dagegen ist nicht so günstig.

Ich war mit einigen Freunden und einem amerikanischen Jagdfreund, der sich gerade in Deutschland aufhielt, in den kleinen Ort im Oderbruch gekommen. Der amerikanische Jagdfreund stammt aus Colorado, wo er häufig auf Kanadagänse jagt; dies hier sollte jedoch seine erste Gänsejagd in Deutschland sein. Wir trafen am frühen Nachmittag ein und bezogen bei dem Revierleiter Quartier. Als es Zeit war fuhren wir hinaus, um unsere Stände für den Abendstrich der Gänse zu beziehen.

Da lag der große See noch still da, eines seiner Ufer war mit hohen Pappeln besetzt, das gegenüberliegende mit dichten Weidenbüschen und von hier zog sich eine ebenfalls mit Weidenbüschen bewachsene Halbinsel weit in den See hinein. Dort sollten die besten Stände sein. Drüben auf der anderen Seite, wo die Pappeln standen, kamen die Gänse hoch an, und erst wenn sie etwa in der Mitte des Sees waren, flogen sie tiefer. Es gab Stände rund um den See, einfache Schirme aus geflochtenen Zweigen, aber die guten Stände waren auf der genannten Landzunge.

Dort wurden wir angestellt und mein amerikanischer Freund bezog den mir benachbarten Schirm. Einzelne Gänse überflogen bereits den See, machten einen großen Bogen und kehrten wieder dahin zurück, wo sie hergekommen waren. Es waren die üblichen „Aufklärer", die man am besten ungeschoren passieren läßt.

Gespannt wartete ich auf die knappe Dämmerstunde, in der sich alles abspielt. Geduckt, ohne nach oben zu sehen, stand ich in meinem Schirm. Nur nicht das verräterische, helle Gesicht zu früh nach oben wenden, Gänse sind mißtrauisch und äugen sehr gut. Erst als ich ihr vielstimmiges Rufen über mir höre, hebe ich vorsichtig meinen Kopf, um einen kurzen Blick über den Schirmrand zu werfen. Der bleigraue Himmel hat sich inzwischen mit mehreren Dutzend Gänsen gefüllt, die über den See kreisen, unentschlossen, ob sie einfallen sollen. Aber nun kommen sie schon aus allen Richtungen angeflogen, immer lauter wird das Sausen der Schwingen und immer intensiver das aufgeregte Schnattern in der Luft.

Darunter mischt sich das helle Klingeln einiger Enten, die nicht weit von meinem Stand entfernt einfallen. Aber Enten sind heute tabu, es dürfen nur Gänse geschossen werden, so hat man uns gesagt. Zwei Patronen „Nummer 5" habe ich inzwischen in die Läufe gesteckt und halte meine Flinte schußbereit in beiden

Händen. Vom anderen Ufer hallen zwei Schüsse herüber, dann kracht es rund um den See.

Es ist dunkler geworden und die Gänse streichen jetzt tiefer. Ich richte mich auf und sehe vier, fünf auf meinen Stand zukommen. Groß kommen sie mir vor, scheinen also tief genug zu sein. Bevor sie über dem Schirm sind, reiße ich meine Flinte hoch, schwinge nach vorn und drücke ab. Die erste legt die Schwinge an, stürzt steil nach unten und schlägt wenige Meter neben meinem Schirm mit einem dumpfen Geräusch auf dem Boden auf. Schon ist auch der zweite Schuß raus, geht aber ins Leere. Ich werfe einen Blick hinüber zu meinem amerikanischen Freund, der gerade seine „Browning"-Selbstladeflinte leerschießt, aber zu seinem Verdruß wohl, ohne sicht- oder hörbares Ergebnis bleibt.

Auch an den anderen Ständen geht es „hoch her". Der Strich ist jetzt auf seinem Höhepunkt, ein Flug Gänse folgt nahtlos dem anderen. Ich werde noch einige Schüsse los und höre, befriedigt, zweimal ein lautes Aufklatschen auf dem Wasser. Es ist noch dunkler und die Sicht schlechter geworden. Die intensive Knallerei der letzten Minuten scheint den Großteil der Gänse vergrämt zu haben. Nur noch einzelne kann man schemenhaft am dunkelgrauen Himmel erkennen. Es wird nun allmählich Zeit das schießen einzustellen.

Eben kündigt sich noch ein letzter Flug mit lautem Flügelrauschen an, ich blicke zu ihnen nach oben, da sind die Vögel aber schon über mir hinweg. Eigenartig, wie groß die sind! Am Nachbarstand fällt ein einzelner Schuß und ich sehe das Mündungsfeuer aus meines Freundes langläufiger Flinte entweichen. Dem Schuß folgt ein lauter, dumpfer Aufprall, der sich anhört, wie wenn ein voller Sack zu Boden fällt. Dann höre ich auch schon meines Freundes Jubelschrei: „I got one!", was auf gut deutsch heißt: „Ich habe (endlich) eine!" Schnell laufe ich hinüber zu ihm, denn ich will ihm, leicht von Mitleid getrieben, meine Freude über seinen gelungenen Schuß ausdrücken, schien er doch bislang nur Löcher in die Luft geschossen zu haben. Aber auch er hat seinen Schirm verlassen und läuft hinüber zu dem Platz, wo seine „Gans" zu Boden gefallen ist, und ich folge ihm auf den Fersen. Gleichzeitig kommen wir bei dem Vogel an, der da im schwarzen Schlamm liegt, aber ein so sonderbar helles Gefieder hat.

Denn das kann man trotz der inzwischen eingebrochenen Dunkelheit sehen, daß dieser Vogel nicht die Farbe der Gänse trägt und zudem viel größer ist. „Eine Schneegans“, ist mein erster Gedanke! Ich nehme den Vogel an seinem langen Stingel und spüre, wie mir sein stattliches Gewicht schier den Arm nach un-

ten zieht. Und dann fällt es mir wie Schuppen von den Augen: Was ich in meiner Hand halte, ist ein weißer Schwan! Rasch verstecken ist meine erste Reaktion, aber da sind schon andere Jäger herangetreten und beäugen spöttisch die delikate Beute. Es gab nichts mehr zu verbergen! Ich konnte nichts anderes tun, als mich bei dem Gastgeber für meinen Freund, der des Deutschen nicht mächtig ist, zu entschuldigen.

Ob die Erlegung des Schwanes mit dem damals noch gültigen „DDR-Jagdrecht" im Einklang stand, ist mir bis heute nicht bekannt. Mein Freund flog jedenfalls mit der sicheren Überzeugung in seine Heimat zurück, wohl der einzige amerikanische Jäger zu sein, der jemals auf einer Gänsejagd in Deutschland einen weißen Schwan geschossen hatte. Er, der sein gesamtes Haus in Colorado mit Trophäen und Dermoplastiken dekoriert hat, weigerte sich jedoch strikt, den weißen Schwan für ein lebensgroßes Präparat mitzunehmen.

Wenn es um Wildschaden geht, kennt der deutsche Landwirt bekanntlich keinen Spaß, und auch als betroffener Jäger kann man dabei sehr rasch seinen Humor verlieren. So mancher Jagdpächter, der im Berufsleben seinen Mann steht, Durchsetzungsvermögen und Verhandlungsgeschick besitzt, wird vor dem Einfallsreichtum und der Schlitzohrigkeit, den ein Landwirt im Zusammenhang mit Wildschäden entwickelt, schließlich resignieren, und, um sich weiteren Ärger zu ersparen, schließlich sein Portemonnaie zücken.

In der Regel prallen gute Argumente von seiten des Jagdpächters an solch einem listigen Ökonomen genauso ab, wie Regentropfen an einer Fensterscheibe. Etwas Respekt kann man sich nur dadurch verschaffen, daß man dem Betreffenden mit der gleichen Waffe, nämlich einer guten Portion Bauernschläue, entgegentritt.

Wieder einmal, wie schon so oft in den letzten Jahren, hatte ein Landwirt, der mehrere Äcker in dem von mir gepachteten Revier besaß, Mais auf ein unmittelbar am Waldrand gelegenes Feld gepflanzt, so daß der Wildschaden quasi vorprogrammiert war. Ich fuhr deshalb auch mit einem unguten Gefühl Anfang September in Urlaub, denn schon bis dahin hatten die Sauen dem Acker einige Besuche abgestattet, und, wenn auch noch mäßigen, Schaden angerichtet.

Als ich dann nach einigen Wochen zurückkam, erhielt ich einen Anruf meiner Mutter, die mir berichtete, daß besagter Landwirt, da er mich nicht erreichen konnte, bei ihr angerufen habe, um Wildschaden geltend zu machen. „Du brauchst dir aber keine Sorgen zu machen", versuchte mich meine Mutter zu beruhigen, „Ich glaube nämlich, die Sache ist erledigt". Und auf meine erstaunte Frage, wie denn das zu verstehen sei, antwortete Sie, die damals schon beinahe 90 Jahre alt war: „Ich habe den Herrn, als er mir erzählte, daß die Wildschweine Schaden angerichtet hätten, im geeigneten Ton gefragt: Woher wissen Sie denn, daß es Wildschweine ausgerechnet aus dem Revier meines Sohnes waren und nicht irgendwelche, die von anderswo herkamen?"

Der Bauer habe, offenbar verblüfft, ob Ihres Einwandes, nichts mehr darauf geantwortet und bald eingehängt. Ich selbst habe auch nicht mehr von ihm in dieser Angelegenheit gehört, und ich frage mich heute noch, was ihn wohl veranlaßt haben mag, von seinen in, diesem Fall berechtigten Forderungen abzusehen.

Noch einmal davongekommen

Einer Gefahr, in die man sich begeben hat, wird man sich oft erst später bewußt. So war es auch, als wir vor vielen Jahren einmal in der Türkei jagten. Damals kam mir alles wie ein spannendes Abenteuer vor, aber heute weiß ich, daß wir leichtsinnig waren, und daß unser Leichtsinn und die Unkenntnis der Verhältnisse in diesem Land schlimme Folgen hätte haben können. Um es vorwegzunehmen: Wir hatten Glück und kamen mit einem blauen Auge davon.

Wer kennt schon Jagdgesetze und politische Verhältnisse eines fremden Landes so genau, daß ihm alle Einzelheiten geläufig sind, vor allem, wenn es sich um ein Land wie die Türkei handelt und wenn man, wie in unserem Fall, zu einer Jagd eingeladen wird, und man deshalb annehmen kann, daß der Gastgeber weiß, was er tut. Lange Fragen sind in einem orientalischen Land nicht üblich und können sogar als unhöflich aufgefaßt werden.

Wir waren, ein Freund und ich, auf Einladung eines türkischen Jagdfreundes nach Ostanatolien gekommen, um in der Gegend von Erzerum auf Bär und Gams zu jagen. Das kleine Dorf lag in einer abgelegenen Gegend in den Bergen des ostanatolischen Hochlandes. Es war eine herrliche, unberührte Landschaft mit hohen Bergen und tief eingeschnittenen Tälern, die dicht mit Haselnußbüschen bewachsen waren. Die Hänge stiegen steil hoch, nur in der Umgebung der Einzelgehöfte waren Terrassen angelegt, auf denen eine bescheidene Landwirtschaft betrieben wurde. Weit ging der Blick über die Berge, deren Gipfel bis zu 3000 Meter in den meist blauen Himmel aufragten. Auf den grünen, grasbewachsenen Hängen konnte man das Wild bereits auf weite Entfernung sehen. Bis auf einige wenige Einzelgehöfte in den Tälern, war die Gegend unbewohnt, und nur selten trafen wir auf unseren Pirschgängen in den Bergen einen einsamen Hirten, der seine Schafe oder Ziegen bewachte; denn neben Bären, gab es auch Wölfe, und es gab auch Bezoar und Gamswild, wenn auch nur geringe Vorkommen.

Wir aber waren vor allem wegen der Bären gekommen, und die gab es in einer beachtlichen Zahl.

Die Bärenjagd dort ist eine echte Herausforderung, denn sie verlangt eine gute Kondition des Jägers, der den Bären in seinem Einstand im Dickicht der Gräben und Schluchten aufspüren muß. Seine Fährte im Schnee auszugehen, bedeutet harte Arbeit. Harte Arbeit ist es aber auch, nahe genug an das Wild heranzukommen, denn es wird mit der Flinte gejagt, aus der Flintenlaufgeschosse abgefeuert werden. Für die einheimischen Jäger ist dies kein Problem. Sie verstehen es, auch auf größere Entfernung mit dem Flintenlaufgeschoß zu treffen.

Wir begannen zu jagen und waren jeden Tag von Sonnenaufgang bis Sonnenuntergang unterwegs. Die meisten Tage verliefen, ohne daß wir Anblick von Wild hatten. Es war ein schwieriges Unterfangen und wie so oft bei der Jagd in den Bergen, waren die Chancen zwischen Jäger und Wild ziemlich gleich verteilt. Da lag noch Schnee vom Vorjahr an den Nordhängen und in den tiefen Gräben, wo keine Sonne hinkam, und dort suchten wir nach Bärenfährten, die wir, falls wir welche fanden, kilometerweit verfolgten, in der Hoffnung, daß eine Fährte in irgendeinem Dickicht in der Tiefe einer Schlucht enden würde und wir den Bären so in seinem Lager überraschen könnten. Zweimal waren wir auf ein noch warmes Bärenlager gestoßen, aber meine Kondition hatte am Ende nicht ausgereicht, um mit meinem jugendlichen türkischen Begleiter Schritt halten zu können, und als ich schließlich erschöpft an das Bärenlager kam, hatte der Bär kurze Zeit zuvor sein Lager verlassen. Ich sah ihn nur noch, wie er über dem nächsten Bergrücken verschwand.

Ich hatte wiederholt, während wir jagten, Motorengeräusche gehört, die ich zunächst nicht deuten konnte, bis ich einen Tages einen Hubschrauber sah, der, scheinbar ziellos, mit geringer Geschwindigkeit über Bergrücken und angrenzende Täler flog, gelegentlich kurze Zeit in der Luft verharrte, um dann wieder am Horizont zu verschwinden. Es war, wie ich durch mein Fernglas an seiner Tarnfarbe leicht erkennen konnte, ein Armeehubschrauber. Ich hatte den Eindruck, daß er etwas suchte, machte mir aber keine weiteren Gedanken darüber. Was sollte ein Hubschrauber in dieser abgelegenen Gegend schon suchen? Vielleicht handelt es sich um eine Übung des Militärs, so dachte ich mir.

Welche Bedeutung diese Flüge hatten, sollte ich jedoch bald erfahren. Eines abends, als wir müde in das kleine Gehöft unseres Gastgebers zurückkamen, war der Lehrer des Dorfes zu Besuch. Er sprach etwas deutsch, und war vom Polizeichef des kleinen nahegelegenen Dorfes beauftragt worden, uns und unseren Gastgebern eine Nachricht zu überbringen. Wir wurden aufgefordert, uns am nächsten Tag auf der Polizeiwache des Dorfes zu melden. Inzwischen hatte es sich nämlich im Dorf herumgesprochen, so erfuhren wir von dem Lehrer, daß deutsche Jäger hier seien, und auch der Polizei, die einen Posten im Dorf unterhielt, sei unsere Anwesenheit nicht verborgen geblieben. Er selbst müsse ebenfalls erscheinen, um zu dolmetschen, wisse aber nicht, was der eigentliche Grund unserer Vorladung sei.

Pünktlich waren wir am nächsten Vormittag auf der Polizeistation und wurden vom Chef persönlich empfangen, und begrüßt. Nach dem Austausch einiger Höflichkeitsformeln und nachdem uns der Polizeichef wiederholt seine Bewunderung für Deutschland und die Deutschen ausgedrückt hatte, wobei er betonte, daß er Deutschland kenne, da seine Schwester dort lebe, wurde er amtlich und kam zur Sache: Wir hätten uns in große Gefahr begeben, teilte er uns mit, denn in dem Gebiet in dem wir jagten, gäbe es terroristische Aktivitäten der „PKK", und das türkische Militär sei gerade dabei, einen Schlag gegen die Terroristen zu führen, wozu zahlreiche Hubschrauber im Einsatz wären, welche die Aufgabe hätten, Verstecke der „PKK" aufzuspüren. Es werde rücksichtslos auf jeden geschossen, der sich mit einer Waffe in diesem Gebiet aufhielte, und das hätte auch uns widerfahren können, wenn wir mit unseren Gewehren, von einem Hubschrauber gesichtet worden wären. Er könnte die Verantwortung für uns nicht übernehmen, denn wenn uns als Ausländer im Rahmen der Militäraktionen etwas zustoßen würde, wären ernsthafte diplomatische Verwicklungen die Folge.

Als ich dies alles aus dem Munde unseres Dolmetschers hörte, wurde mir erst klar, was es mit dem Militärhubschrauber, den wir gesehen und gehört hatten, auf sich hatte. Ich erkannte mit einigem Schrecken die Gefahr, in die wir uns, unwissentlich, begeben hatten. Wie leicht hätten wir, mit unseren Flinten auf dem Rücken, für Terroristen gehalten werden können, mit all den Konsequenzen, die sich daraus ergeben hätten!

Die weitere Jagd machte daher auch nicht mehr viel Spaß. Wir jagten nur noch in der unmittelbaren Umgebung des Hauses unseres Gastgebers, und bald war auch der Zeitpunkt unserer Abreise gekommen.

Polnische Böcke

Es war noch in der Zeit des kalten Krieges, und man durfte damals ohne Begleitperson in Polen nicht reisen. Daher war ein Dolmetscher an der Grenze zugestiegen. Er war mit dem Zug angereist und hatte schon seit mehreren Stunden auf uns gewartet. Wir übernachteten im ehemaligen Breslau und fuhren am nächsten Morgen recht früh los, um zeitig unseren Bestimmungsort in Mittelpolen zu erreichen. Auf den schlechten Straßen würde es einige Stunden dauern, dorthin zu kommen, hieß es. Gegen Mittag hatten wir dann unser Ziel erreicht, eine typische polnische Kleinstadt.

Am Ortsrand standen, in gewohnter Plattenbauweise errichtet, jetzt schon arg verwahrloste Wohnblocks, und in der Stadt selbst, boten sich die Fassaden der Häuser, von denen überall der Putz bröckelte, in schmutzigem Grau. Alles sah düster und trostlos aus. Irgendwo mußte ein „Kombinat“ sein, das Kohle oder Eisen verarbeitete, denn über der Stadt und den Häusern hing ein häßlicher grauer Schleier.

Wir fuhren langsam durch die Hauptstraße, um zu dem Haus des Jägers zu kommen, welches sich am anderen Ortsende befinden sollte. Auf den Fußwegen erkannten wir Menschen, die sich merkwürdig verhielten: Männer, die sich mühsam aufrechthaltend, von einer Seite des Fußweges zur anderen schwankten, und seltsam torkelnd ihren Weg nahmen, andere wieder, lehnten gebückt an einer Hauswand. Ich hatte zuerst den Eindruck, in einer Stadt mit lauter Kranken und Behinderten zu sein. Der Dolmetscher hatte mein Erstaunen bald bemerkt und erklärte den Sachverhalt. „Heute ist Zahltag“, sagte er zu mir lakonisch, „die Leute sind alle betrunken!“

Wir gelangten schließlich zu dem Haus des Jägers und wurden mit dem üblichen Glas Wodka begrüßt. Während wir tranken, warf ich einen Blick auf die Jagdtrophäen, die in dem mit schlichten Einheitsmöbeln ausgestatteten Zimmer hingen. Da waren immerhin einige kapitale Rehgehörne darunter. An den Trophäen kann man ja erkennen, wie die Qualität eines Reviers zu veranschlagen ist, und dieses Revier schien mir gut zu sein.

Am Nachmittag fuhr der Jäger mit uns hinaus, um es uns zu zeigen. So trostlos und düster die Stadt selbst war, so schön und unverdorben erschien mir die Landschaft in der Umgebung des Ortes. Da gab es Feuchtwiesen, in die Laubgehölze eingestreut waren, dazwischen kleine Kleeäcker und Getreideschläge. Es sah nach einem idealen Rehwildrevier aus, so wie man es sich wünscht.

Mein Eindruck sollte mich nicht täuschen. Daß es hier starke Böcke gab, davon konnten wir uns in den nächsten Tagen überzeugen. Ich hatte damals sechs Böcke auf der Pirsch zu Fuß, oder auf dem Pferdewagen geschossen, und sie sind bis heute meine Besten geblieben. Wie ich zu dem stärksten unter den sechs kam, kann ich mich noch gut erinnern, und darüber möchte ich berichten.

Eines frühen Morgens waren wir mit dem Pferdewagen hinaus ins Revier gefahren. Das Rehwild, in dieser ländlichen Gegend, schien, an den Anblick von solchen Wagen gewöhnt, denn die Landwirtschaft dort, wird fast nur mit Pferden betrieben. Traktoren waren zumindest in dieser Gegend, eine Seltenheit.

Wir rollten langsam mit dem von zwei Pferden gezogenen Wagen auf einem Feldweg dahin. Fast unhörbar bewegten sich die Räder auf dem mit einer dicken Staubschicht bedeckten Weg. Es war noch sehr früh am Morgen, und über den Feuchtwiesen längs des Feldweges, auf dem wir fuhren, braute dichter Nebel, der erst zerflatterte, als sich ein schmaler, lichter Streifen am Horizont zeigte, und den Tag ankündigte. Ich saß neben dem Kutscher, der auch mein Jagdführer war, auf dem Bock, und sah aufmerksam in die Wiesen, die wir durchfuhren. Noch war es schwer, Einzelheiten in der Landschaft zu erkennen. Aber rasch wich die Dämmerung, als sich die Sonne über den Horizont schob, und alles in ein mildes rötliches Licht zu tauchen begann. Bald glänzte die Landschaft voll in der Morgensonne.

Plötzlich hielt der Kutscher an und deutete mit der Peitsche nach vorn. Einige hundert Meter vor uns lag ein schmaler Kleeschlag, der auf drei Seiten von Getreidefeldern eingefaßt war, und mitten auf dem Kleeacker stand ein starkes Stück Rehwild. Sorgfältig beobachtete ich es durch mein Fernglas. Es war, da gab es keinen Zweifel, ein starker Bock, der uns noch nicht bemerkt zu haben schien, und sich wohl in dem nur von einer Seite einsehbaren Kleeacker, sicher und unbemerkt fühlte.

Wir ließen unser Gespann stehen und hatten bald einen Feldrain erreicht, der es erlaubte, uns im Schutz des schon hochstehenden Getreides, dem Kleefeld zu nähern. Soeben, als wir um die Ecke des Getreidefeldes bogen, begann der Bock in den gegenüberliegenden Teil des Feldes einzuwechseln. Die Halme teilten sich, und der Bock war schnell untergetaucht. Das Feld in das er gezogen war, grenzte an eine Wiese, an die sich ein kleines Feldgehölz anschloß.

Eine Zeitlang hatte ich die Hoffnung, daß der Bock den Getreidestreifen durchqueren und auf der Wiese austreten würde. Aber er zog es wohl vor, in der Deckung des Feldes zu bleiben. Es war anzunehmen, daß er sich niedergetan hatte. Wir hatten es uns auf dem Feldrain bequem gemacht, und warteten gespannt, was sich tun würde.

Es war inzwischen warm geworden, die Sonne war höher gestiegen, und hatte die letzten Nebelschwaden vertrieben. Lerchen stiegen in den klaren Morgenhimmel, und in der Ferne hörte ich das verspätete Kullern eines Birkhahnes.

„Warum nicht zu dem Bock gehen, wenn er nicht zu uns kommen will?“, dachte ich mir, wagte aber nicht auszusprechen, was ich dachte. Mein Begleiter schien jedoch den selben Gedanken gehabt zu haben, denn er machte mir ein Zeichen, und schickte sich an, zu dem schmalen Getreideschlag, in dem der Bock verschwunden war, hinüberzugehen. Wir betraten beide das Feld, in dem die Frucht schon beinahe bis zur Brust reichte. Nachdem wir das erste Drittel durchquert hatten, sah ich plötzlich die Halme vor mir schwanken, und schon tauchte auch das Haupt des Bokkes, der sich aus seinem Bett erhoben hatte, im Gewirr der Ähren auf. In hohen Fluchten sprang er durch die Frucht, und als er, rasch die Gefahr für sich erkennend, aus dem Feld heraus und auf der angrenzenden Wiese war, hatte ich schon meinen Stutzen an der Backe. Der folgende Schuß riß ihn von den Läufen, ein kurzes Schlegeln noch, dann war´s mit ihm vorbei. Ein glücklicher Schuß, ein Schnappschuß, hatte ihn mir zur Beute gemacht, und gerade das Besondere dieser Situation war für mich Grund zur Freude.

Es gab auch Birkwild in diesem herrlichen Revier, und eines Morgens, als wir am Waldrand entlang pirschten, sahen wir, wie ein Birkhahn auf der einzigen, in dieser Feuchtwiese stehenden Birke, einfiel. Ganz oben im höchsten Wipfel des Baumes, saß er, auf einem sich im Wind wiegenden Ast. Ihn, der so gut äugt, in dem deckungslosen Gelände anzupirschen, wäre vergebliche Liebesmühe gewesen: Unverzüglich wäre der Hahn abgeritten. Von unserem Standort, einen Schuß zu wagen, schien ebenso unmöglich, denn immerhin waren es mehr als hundert Meter bis zur Birke, auf der er saß. Das kleine Ziel, das er bot, auf diese Entfernung zu treffen, wäre mehr als ein Zufall gewesen. Zudem hatte ich den Stutzen bei mir, wir waren ja auf der Rehpirsch, und das 6,5 x 57 Teilmantelgeschoß, hätte von dem Hahn nicht allzuviel übriggelassen. Das waren so meine Gedanken, als ich den Hahn, hoch oben im Baum sitzen sah.

Meinen polnischen Begleiter aber, schienen diese ungünstigen Umstände wenig zu stören. Mag sein, daß er selbst nicht recht daran glaubte, daß der Hahn zu treffen sei. Meinen Ehrgeiz wollte er jedoch damit anstacheln, daß er mir, mit einem erkennbaren Schmunzeln im Gesicht, das Angebot machte, der Hahn sei kostenlos, sollte ich ihn erlegen. Ich konnte schließlich der Verlokkung doch nicht widerstehen, strich an einem Baum an, schoß, und sah eine Wolke von Federn langsam zu Boden schweben. Noch heute habe ich im Ohr, wie mein Begleiter, alle Heiligen beschwor, und sich lange nicht fassen konnte. Leider war von dem Hahn nicht mehr viel übrig, aber für ein Präparat aus Stingel und Stoß, hat es noch gereicht. Mein Begleiter hielt jedenfalls Wort: Der Birkhahn kostete nichts.

Die Böcke dagegen waren schon damals nicht gerade billig, und ich erinnere mich noch, an das beinahe zeremonielle Wiegen der starken Trophäen. Da im Hause des Jägers keine feine Waage vorhanden war, geschah das Wiegen in der Apotheke des Ortes. Dabei ging es, wie zu erwarten war, ganz genau zu, denn ab einem bestimmten Gehörngewicht, kostete das Gramm Horn ebensoviel, wie ein Gramm Gold. Das war gewiß ein stolzer Preis, aber eine gut gelaufene, erfolgreiche Bockjagd, ist immer ihr Geld wert.

Mein stärkster Keiler

Es waren an die 50 Leute, Jäger, Treiber und Hundeführer, die sich im Wald oben auf der Anhöhe versammelt hatten. Als ich ankam, brannte ein großes Feuer, und die meisten waren noch am Frühstücken. In kleinen Gruppen saßen oder standen sie um das Feuer, und unterhielten sich, während sie aßen und tranken. Töpfe waren nahe an das Feuer gerückt, und auf einem Rost lagen toskanische Würste, Fleischstücke und Brotscheiben. Eine Flasche wurde durch die Runde gereicht. Hunde liefen geschäftig umher, und suchten nach eßbaren Abfällen.

„Buon giorno, come va?" begrüßte mich Giorgio. Er stand an sein Auto gelehnt, vor ihm auf der Motorhaube, lag die Liste mit den Namen der Mitglieder der Squadra. Ich zeigte ihm meinen Jagdschein, er notierte die Nummer, und machte einen Haken hinter meinen Namen. „Wie viele willst Du heute schießen, und was soll ich eintragen?" fragte er mich scherzhaft. Ich ging ans Feuer und setzte mich zu einer Gruppe von Jägern, die ich vom letzten Jahr her kannte. Da war auch der alte Mann, der im vergangenen Jahr noch aktiv mitgejagt hatte, der auch Winzer war, und dessen „Vino santo", auf den er sehr stolz war, ich hatte probieren müssen. Er trug heute normale Straßenkleidung. „Haben Sie kein Gewehr dabei?", fragte ich ihn auf italienisch. „Ich jage nicht mehr", antwortete er, „ich bin 80, und meine Augen taugen nicht mehr viel. Ich gehe nur so mit".

Es war Anfang November, und es war die erste Jagd in diesem Jahr, an der ich teilnahm. Ich war deshalb voller Erwartung. Giorgio hatte mir geschrieben, daß es viele Wildschweine, „molti cinghiale", gäbe. Vielleicht hatte ich ja diesmal mehr Erfolg als im letzten Jahr. Da hatten die Wildschweine „einen Bogen um mich gemacht", und stets waren es die Nachbarschützen gewesen, die zum Schuß gekommen waren. Na ja, es konnte nur besser werden! Ich hatte jedenfalls ein gutes Gefühl und freute mich auf diese Jagd. Wenn die letzten Nachzügler da waren, würden die Stände verlost werden, und dann würde es los gehen.

Ich zog eine Nummer für die erste Gruppe. Diejenigen, die ihre Nummer bereits hatten, gingen zu ihren Autos, und die einzelnen Gruppen fuhren in verschiedenen Richtungen davon. Ich schloß mich den Jägern meiner Gruppe an, und fuhr hinter deren Fahrzeugen her.

Zunächst ging es durch einen Hohlweg, wo die Böschungen dicht mit Büschen bewachsen waren, und Äste und Zweige weit in den Weg hineinragten, so daß man beim Fahren unwillkürlich die Augen zukniff, wenn ein Ast gegen die Windschutzscheibe schlug. Die Fahrspuren im Hohlweg waren steinig, und ausgewaschen, und es ging manchmal steil abwärts bis, hinunter ins Tal, durch das ausgetrocknete Flußbett hindurch, und dann wieder den Gegenhang hoch. In engen Serpentinen führte der Weg durch dichte Macchia, die sich beinahe bis zur Anhöhe ausbreitete.

Wir fuhren den Kamm hoch, und ließen dann die Autos stehen, das letzte Stück, zu den Ständen, konnte man nur zu Fuß zurücklegen. Von der Anhöhe hatte man einen freien Blick in das nächste Tal hinunter. Weit unten, konnte ich jetzt die Fahrzeuge der anderen Gruppe von Jägern sehen, die wie Spielzeugautos, im Zeitlupentempo, am Fluß entlangfuhren, und Staubfahnen hinter sich herzogen. Wenn diese Gruppe die Rückseite des Treibens abgestellt hatte, würde die Jagd beginnen.

Wir hatten noch ein ganzes Stück zu gehen. Der Weg, der jetzt nur noch ein schmaler Fußpfad war, folgte dem Waldrand, lief über ein Feld, auf dem einzelne Olivenbäume standen, ging dann in den Wald hinein, kletterte eine Feuerschneise hoch, und führte wieder aus dem Wald heraus, auf eine Wiese. Wir gingen im Gänsemarsch, und als wir die Wiese erreicht hatten, blieb der Jäger, der die Gruppe anführte, zurück, um mir meinen Stand anzuweisen, und mir zu zeigen, wo die anderen stehen würden. Dann setzte er sich wieder an die Spitze der Gruppe, und ich sah, wie sie das schmale Wiesenstück überquerten, und weiter unten, im Wald verschwanden. Ich nahm meinen Rucksack ab, baute meinen Klappstuhl auf, und lehnte mein Gewehr dagegen. Es war noch Zeit, denn das Treiben war groß, und die andere Gruppe, hatte den weiteren Weg zurückzulegen.

Von meinem Stand, hatte ich jetzt einen herrlichen Blick auf die bewaldeten Hügel, und Täler des Apennin. Weit unten konnte ich das schmale, silbrig schimmernde Band des Crevolone erkennen. Hell hob sich das verfärbte Laub der Weinberge von dem Sienabraun der gepflügten Felder, dem gelbbraunen Gras der Wiesen, und dem silbrigen Grau der Olivengärten ab, in die sie eingestreut waren. Auf den Kuppen der Hügel, konnte ich weit entfernte, von Zypressen umrahmte Gehöfte erkennen, und unten im Tal, sah ich das eiserne Gerippe des alten Förderturms der Mine aufragen, wo früher Kohle gefördert wurde, und die nun schon seit vielen Jahren stillgelegt war. Aus der Ferne drang Glockengeläut herüber; es war jetzt kurz vor zehn, und so gegen zehn Uhr, nahm ich an, würde das Treiben beginnen.

Da es unten im Tal beginnen sollte, und die ganze Flanke des Berges nach oben getrieben wurde, war ich in einer günstigen Position. Sollte Wild über den Kamm wechseln wollen, so mußte es die Wiese vor mir überqueren, wo das Gras durch Schafe abgeweidet war, so daß ich gute Sicht hatte.

Es verging etwa eine halbe Stunde, bis ich das erste Mal das Geläut der Hunde hörte, leise und weit entfernt. Einige Male drang noch das Rufen der Treiber, die ihre Hunde anfeuerten, zu mir herauf. Dann war es lange Zeit wieder still.

Ich hatte mich inzwischen auf meinem Sitz niedergelassen, denn solange die Hunde nicht in meiner Nähe waren, konnte ich auch nicht mit Wild rechnen.

Beinahe hätte ich dadurch den Keiler verpaßt: ich hörte plötzlich das Brechen von Ästen vor mir, da war er auch schon aus dem Wald heraus, und wollte in voller Fahrt über die Wiese. Ich hätte nicht gedacht, daß ein so großer Keiler auf einen Schuß wie ein Hase rollieren könnte.

Na, immerhin brachte er fast drei Zentner auf die Waage! Wie ich später erfuhr, blieb es in dieser Saison, der stärkste, der von der Squadra geschossen wurde.

Jagen in der Toscana

Italien gehört nicht zu den klassischen Jagdländern wie, beispielsweise Ungarn oder Polen: Es gibt dort keinen nennenswerten Jagdtourismus und somit auch kaum greifbare Informationen über Wild und Jagdmöglichkeiten.

Das Wenige, was allgemein über die Jagd in diesem Land bekannt ist, klingt nicht sehr positiv, und ist aus unserer Sicht, meistens von Vorurteilen geprägt. Eines der Vorurteile ist, daß Italien ein wildarmes Land sei, und daß Italiener vorwiegend Jagd auf Singvögel machten.

Bevor ich selbst dort gejagt hatte, hing ich ähnlichen Vorstellungen nach, bin aber dann eines Besseren belehrt worden, als ich, wiederholt, Gelegenheit hatte, gemeinsam mit einheimischen Jägern, in der Toscana zu jagen. Italien ist eben gar nicht wildarm, in einigen Provinzen, gibt es sogar einen guten Wildbestand, der sich durchaus mit dem in Deutschland messen kann, und was mir zu bemerken wichtig erscheint, es wird dort auch waidmännisch gejagt. Das Jagdsystem ist sogar streng organisiert, und unterliegt einer ständigen Kontrolle durch den Gesetzgeber, wenn auch manche jagdlichen Verordnungen für unser Verständnis dann wieder zu bürokratisch sind, und so kaum praktikabel erscheinen.

Natürlich gibt es immer noch die Jagd auf Zugvögel, die besonders im Süden des Landes, eine lange Tradition aufweist, und die dem italienischen Jäger viel Sympathien in den nördlichen Nachbarländern gekostet hat. Es war wohl, wie ich vermute, weniger die Jagdleidenschaft als solche, als die frühere Armut und der Mangel an Fleisch, der zur Bejagung der kleinen Zugvögel geführt hatte. Man wird heute wohl die längste Zeit auf „Singvögel" gejagt haben, denn durch rigorosere EU-Richtlinien, gibt es bereits jetzt schon starke Einschränkungen dieser Art von Jagd, und es ist anzunehmen, daß in Kürze ein generelles Jagdverbot auf die kleinen Sänger ausgesprochen wird.

Im Gegensatz zu Deutschland hat, Italien kein „Revier-", sondern ein „Lizenzsystem", d.h. niemand kann ein Revier pachten: Jeder, der bestimmte Voraussetzungen erfüllt, ist berechtigt, die Jagd auszuüben, sofern er einen Jagderlaubnisschein erwirbt. Die Lösung eines solchen Jagdscheines auf dem Jagdamt, dem „Ufficio di caccia“, ist für den Italiener recht problemlos, und er kostet auch wesentlich weniger, als der deutsche. Auch der Ausländer, sofern er aus einem Mitgliedsland der EU kommt, kann eine solche Genehmigung zur Jagdausübung erhalten. Sie berechtigt ihn, an 20 Tagen des Jagdjahres zu jagen. Diese Tage können willkürlich gewählt werden. Jedoch muß das Jagdamt im voraus verständigt werden, an welchem Tag man jagen will. Die Jagdsaison beginnt Anfang September und endet mit den letzten Februartagen.

Abgesehen von Hase, Schnepfe, Bekassine und Taube, spielt der Fasan unter dem Niederwild jagdlich die größte Rolle, und steht am höchsten in der Gunst des italienischen Jägers. Da er in Volieren nachgezogen und dann ausgesetzt wird, kommt er in beachtlicher Zahl vor. Vor allem auf den Ländereien einiger Großgrundbesitzer, wird der Fasan im großen Umfang gezüchtet, und die Jagd auf ihn kommerziell genutzt. Aber auch die einzelnen dörflichen Jagdgemeinschaften setzen Fasane aus.

Unter dem Schalenwild steht das Wildschwein, zu italienisch „cinghiale“, neben dem sich in den letzten Jahren stark vermehrenden Rehwild („capriole“), an erster Stelle. Weiter gibt es kleinere Bestände an Mufflon und Damwild. Vor allem in der Toscana hat sich das Schwarzwild, eine Kreuzung zwischen dem Maremmaschwein und dem ungarischen Schwarzwild, stark vermehrt; es findet dort nahezu ideale Lebensbedingungen. Die typische mediterrane Macchia, mit einem hohen Anteil an Robinien, Eichen und Eßkastanien, ein ausgewogenes Verhältnis von Jagd- und Schonzeit, in der das Wild absolute Ruhe genießt, sowie das Verbot der Einzeljagd in den meisten Provinzen, haben die Schwarzwildpopulation rasch vorangebracht.

Bejagt wird Schwarzwild nur von Anfang November bis Ende Januar, und nicht vom Einzeljäger, sondern nur von der Jagdgruppe, der sog. „Squadra“. Es mag sein, daß die Saujagden gerade deshalb so beliebt sind, weil sie als Gemeinschaftsjagd durchgeführt werden. Gemeinsames Essen im Revier, die Möglichkeit sich zu unterhalten, und Jagdfreunde zu treffen, ist dabei ebenso wichtig wie das Jagen selbst, und verstärkt das Kameradschaftsgefühl untereinander. Da die Strecke Gemeinschaftsgut ist und Trophäen keine oder keine große Rolle spielen, gibt es keinen Jagdneid.

Eine Squadra hat eine feste und begrenzte Zahl an Mitgliedern, die, vom Gesetz her, fünfzig Jäger nicht überschreiten darf. Sie hat irgendwo im Dorf, einen gleichbleibenden Treffpunkt, von wo aus zur Jagd aufgebrochen wird. Dort ist im allgemeinen eine Tafel angebracht, auf der am Abend vor dem Jagdtag vermerkt wird, welches Treiben am nächsten Tag ansteht. Jeder „Squadra" wird von der Jagdbehörde auf Dauer ein bestimmtes Gebiet zur Bejagung zugeteilt, das klare, festumrissene Grenzen hat, die nicht überschritten werden dürfen, um nicht der, einem anderen Dorf zugehörigen, „Squadra" ins Gehege zu kommen. Eine „Squadra" darf nur an drei Tagen in der Woche die Jagd ausüben, an den übrigen Tagen jagen die Nachbarn, eine Maßnahme, die wohl getroffen wurde, um eine Überjagung zu vermeiden. Immerhin gibt es 1, 2 Millionen Italiener, die die Jagd ausüben, und kein Wildbestand ist unerschöpflich!

Der Jagdtag beginnt mit einem gemeinsamen Frühstück irgendwo draußen im Revier. Ein paar Jäger und Treiber sind vorausgefahren und haben ein großes Feuer entfacht. Nach und nach treffen die anderen Jäger und Treiber mit ihren Fahrzeugen ein. In den meisten Autos werden auch Hunde mitgeführt. Eine stattliche Zahl wird es schließlich sein, wenn das Treiben beginnt, denn es wird mit großer Meute gejagt. Da sind dann die verschiedensten Rassen vertreten, aber kaum einer der Hunde, läßt sich eindeutig einer bestimmten Rasse zuordnen. Das tut jedoch ihren jagdlichen Fähigkeiten offenbar keinen Abbruch. Sie sind in der Regel gut auf Sauen eingejagt, und das allein ist entscheidend.

Jäger und Treiber haben es sich inzwischen am Feuer bequem gemacht. Ein jeder hat eine Sitzgelegenheit, viele auch einen kleinen Klapptisch aus dem Auto geholt und alles, was für ein ausgiebiges Frühstück notwendig ist, vor sich ausgebreitet. Man läßt sich viel Zeit beim Essen und Trinken, Eile ist wie dann auch beim Jagen selbst, nicht angesagt. Man unterhält sich recht laut und angeregt.

Bald sind auch die letzten Teilnehmer eingetroffen. Der Schriftführer der „Squadra“ trägt jetzt jeden, der an der Jagd teilnimmt, in eine Liste ein und notiert dann auch am Ende der Treiben genauso gewissenhaft, was jeder geschossen hat. Ist jeder registriert, so geht es an die Verteilung der Stände. Es gehört zu den stets eingehaltenen Spielregeln, daß alle Stände oder „Poste“ grundsätzlich verlost werden, denn in der jagdlichen „Squadra“ sind alle gleichberechtigt; keiner wird bevorzugt. Hat jeder seine Nummer erhalten, so macht sich die Gruppe, welche die weiteste Strecke zum Treiben zurückzulegen hat, sogleich auf den Weg. Die Hunde sind zuvor aus den Boxen geholt worden und Hundeführer und Treiber begeben sich nun an ihren Standort. Das alles läuft rasch und routiniert ab. Es ist wie ein eingespieltes Ritual, denn der Vorgang wiederholt sich jedes Jahr mehrfach. Auch die Stände sind seit vielen Jahren die gleichen; sie befinden sich häufig an Wechseln, die in großer Zahl den dichten Busch durchkreuzen.

Die meisten Jäger führen eine Doppelflinte, aus der sie, bei Bedarf, „Brenneke“ verschießen. Nur einige wenige sind im Besitz einer automatischen Kugelbüchse. Das Flintenlaufgeschoß ist das ideale Geschoß bei der Jagd in der mediterranen Macchia, die meistens nur über eine kurze Distanz, oft nur auf wenige Meter, Sicht bietet. Eine Kugelbüchse, zumal mit einem Zielfernrohr bestückt, ist wenig geeignet, da ja sehr rasch und auf kurze Entfernung geschossen werden muß.

Das Gesetz schreibt vor, daß die Waffe, bis man seinen Stand erreicht hat, im Futteral bleiben muß, und es hat eine weitere Besonderheit: der Jäger darf nur eine Art von Munition mit sich führen, d.h. er darf, außer der erwähnten Flintenlaufgeschosse, keine Schrotpatronen in seinem Patronengürtel haben, denn auf einer Jagd, die den Sauen gilt, darf kein anderes Wild, wie Fasan, Hase oder Taube, beschossen werden.

Dies alles mag für den deutschen Jäger eigenartig klingen, der Italiener aber ist an diese Art von Bürokratie gewöhnt, sie spielt ja auch in seinem normalen Leben eine noch viel größere Rolle als bei uns, was etwas heißen soll. Man hält sich daher im Großen und Ganzen an die vorgegebenen Regeln, ohne etwas Besonderes darin zu sehen. Noch viel ausgeprägter als bei den

Gemeinschaftsjagden, ist der „Papierkrieg", den der italienische Jäger führen muß, wenn er an der in den letzten Jahren eingeführten „Selektionsjagd" auf Rehwild teilnehmen will. Die Reglementierung schießt in diesem Fall, wie ich meine, weit über das erträgliche Maß an Kontrollen hinaus, die bei einer großen Zahl an Jagenden, zumal nicht „vorgebildeten", sonst verständlich sind. Der deutsche Jäger, der es da viel leichter hat, wird darüber nur ungläubig den Kopf schütteln können.

Als Folge der starken Vermehrung des Rehwildes, wird einer gewissen Zahl von Jägern, auf Antrag, der Abschuß eines Stükkes Rehwild gestattet. Voraussetzung dafür ist die Teilnahme an einem kurzen „Lehrgang" im „Ansprechen". Hat der Antragsteller es schließlich geschafft, in den Kreis der Auserwählten vorzustoßen, so schlägt die Jagdbürokratie vollends zu: Zunächst muß der Bewerber dem Jagdamt Meldung erstatten, an welchem Tag und in welcher Gegend er zu jagen gedenke. Ist dies geschehen, und der Aspirant begibt sich eines Morgens hoffnungsvoll auf die Jagd, so darf er keinesfalls Schreibstift und Papier zuhause vergessen, denn: stellt er irgendwo in der Nähe des Gebietes, in dem er zu jagen gedenkt, sein Fahrzeug ab, so muß er, ähnlich einer Parkscheibe, einen deutlich lesbaren Zettel hinter der Windschutzscheibe anbringen, auf dem festgehalten ist, wann er das Fahrzeug verlassen hat, und an welchen Ort er sich begeben will. Dort angekommen, hat er auf einem weiteren Zettel sein Eintreffen und den Beginn der jagdlichen Aktivitäten zu vermerken. Das gleiche muß er tun, wenn er den Platz wieder verläßt, und auch dann, wenn er wieder bei seinem Fahrzeug ankommt.

Hat er das große Glück, auf ein Stück Rehwild zu Schuß zu kommen, und dieses auch noch zu erlegen, so muß er, am gleichen, spätestens jedoch am nächsten Tag, der Jagdbehörde genaue Meldung erstatten. Aber damit nicht genug: Auch ein Fehlschuß muß dem Jagdamt mit exakter Angabe über Zeitpunkt und Ort mitgeteilt werden.

Selbst wenn man unterstellt, daß die Behörde aus Gründen der Sicherheit – der Schuß könnte ja Schaden angerichtet haben – ein berechtigtes Interesse daran hat zu wissen, wer wo geschossen hat, dürften diese Auflagen aus unserer deutschen Sicht der

Dinge, doch meilenweit über das notwendige Maß an Kontrollen hinausgehen. Kein Wunder also, daß diese neuerdings eingeführten Vorschriften von den italienischen Jägern, die ja, wie erwähnt, diesbezüglich schon viel gewohnt sind, als reine Schikane empfunden werden. Aber es gilt halt auch hier der alte Spruch: Andere Länder, andere Sitten!

Besonderes jagdliches Brauchtum in unserem Sinne gibt es in der italienischen Jägerschaft nicht. So entfällt z.B. auch jedes Zeremoniell am Ende einer Jagd. Es gibt kein „Streckelegen“ und „Verblasen der Strecke“. Auch die, bei uns übliche Überreichung eines Bruches, an den erfolgreichen Schützen, ist dort völlig unbekannt. Man trennt sich nach dem letzten Treiben völlig zwanglos, trifft sich jedoch später im Dorf wieder, wenn die Wildschweine, die geschossen wurden, zerwirkt werden. Jeder, der an der Jagd teilgenommen hat, ob Schütze oder Treiber, bekommt dann seinen Anteil an Wildpret.

Der ursprüngliche Sinn der Jagd erhält damit immerhin wieder seine Bedeutung.

Der Italiener ißt bekanntlich gerne und gut, und Wildpret, „selvaggina“, nimmt im Speiseplan, eine hohe Rangordnung ein. Er weiß es auch hervorragend zuzubereiten, wovon sich jeder, der das Land bereist, überzeugen kann.

Als die Böcke aufgingen

Als ich im April aus Afrika, wo ich gejagt hatte, zurückkam, waren es noch ganze vier Wochen bis zum Aufgang der Bockjagd. „Zeit genug", dachte ich, „um ein paar Böcke ausfindig zu machen, bis es dann Mitte Mai richtig losgeht". Aber vier Wochen vor Beginn der Schußzeit, da fehlt es einem noch am Willen und an der Bereitschaft, früh aufzustehen, um rechtzeitig draußen im Revier zu sein. Denn Böcke nur aufspüren zu wollen, ist eben eine Sache, sie bejagen und schießen zu können, eine andere.

Ich schlief meistens bis sechs Uhr, stand dann auf, warf noch einen Blick in die Morgenzeitung, bevor ich dann ins Revier fuhr. Da war es aber meistens schon zu spät, um noch etwas zu sehen. Das Rehwild war bereits eingewechselt. Die vier Wochen gingen vorüber, und ich hatte kaum ein paar weibliche Rehe gesehen, geschweige denn einen jagdbaren Bock. Aber es lag nicht allein an meinem späten Aufstehen. Es war einfach nicht genügend Wild da! Langsam kam ich zu der Überzeugung, daß es in diesem Jahr noch weniger Böcke gab als sonst. Schließlich war ich oft genug draußen gewesen, und irgendwann müßte man auch zwischen 7 und 8 Uhr morgens einen Bock im Wald antreffen. Es schien sich fortzusetzen, was mir die letzten Jahre bereits aufgefallen war: Der Bestand an Rehwild hatte stark abgenommen: Es war kein Vergleich mit früheren Jahren, als man keine Mühe hatte, an einem Morgen zwei oder drei Böcke anzupirschen, als das Wild noch um 7 Uhr vertraut auf den Waldwegen stand, oder im Hochwald umherbummelte, bevor es in den Einstand zog.

Damals war es auch kein Problem gewesen, seinen Abschußplan zu erfüllen. In den letzten Jahren war das nicht mehr möglich, und man war gezwungen „Postkartenabschüsse" zu machen.

Es hatte sich zuviel verändert im Revier: Die Wege waren verbreitert und geschottert worden, und die Wegränder wurden regelmäßig ausgemäht, um für die großen Lastwagen Platz zu schaffen, die das Holz abtransportierten. Die Art, wie der Wald bewirtschaftet wurde, war eine andere geworden. Früher wurde in einer Abteilung, deren Bestand alt genug war, im Winter Holz geschlagen und es entstand eine freie Fläche, die im Frühjahr wieder aufgeforstet wurde. Danach zog wieder Ruhe im Revier ein. Jetzt werden beinahe das ganze Jahr über, gleichzeitig in mehreren Abteilungen, Bäume gefällt. Die Stämme werden längs der Wege gelagert, und sobald das Holz verkauft ist, kommen die großen Lastwagen und der Abtransport beginnt. Das erstreckt sich über das ganze Jahr, und zu keiner Jahreszeit ist mehr Ruhe im Wald. Dazu findet man jetzt auch mehr Menschen im Wald und auf den Wiesen. Da sind die Spaziergänger und Pilzesammler, die es schon immer gab. Dazu kommen nun auch Reiter, Jogger und Mountainbikefahrer. Der heutige Mensch hat eben mehr Freizeit und ist „gesundheitsbewußter" geworden. Das ist auch einer der Gründe, warum ich abends ungern ins Revier fahre, denn dann trifft man beinahe regelmäßig bis zum Einbruch der Dunkelheit und darüber hinaus irgendwelche Personen im Wald an. Am frühen Morgen ist man noch einigermaßen ungestört, und kann, wenn man Glück hat, in den Tag hinein jagen.

Die ständige Beunruhigung des Wildes, das zu den gewohnten Zeiten nicht mehr ungestört zum Äsen austreten kann, der Druck durch die fortwährende Erhöhung der Abschußzahlen, basierend auf zweifelhaften, fragwürdigen Vegetationsgutachten, die durch jagdfeindliche Forstbeamte erstellt und interpretiert werden, die immer kleiner werdenden Reviere, in denen immer mehr Personen jagen, sind nur einige der Gründe, warum der Rehwildbestand so stark zurückgegangen ist.

Wie sehr sich jetzt alles zum Nachteil verändert hat, fiel mir immer dann besonders auf, wenn ich irgendwo im Ausland jagte, und Vergleiche anstellen konnte. In Polen, Ungarn oder Tschechien, da liegen die Verhältnisse noch anders, der Rehwildbestand ist dort wesentlich besser als bei uns, und der Wald wächst trotzdem.

Es kam der 16. Mai, und die Böcke gingen auf. Ich war jetzt jeden Tag draußen, stand auf, wenn es noch dunkel war, und befand mich schon lange vor Sonnenaufgang im Revier. Doch das frühe Aufstehen brachte auch nicht viel. Obwohl ich die aussichtsreichsten Plätze im Revier aufsuchte, und mir beim Pirschen alle Mühe gab, hatte ich zunächst keinen Erfolg. Das Revier schien wie ausgestorben. Es war einfach zum Verzweifeln.

Nach zwei Wochen erlegte ich einen jungen Spießbock, und als er dann vor mir lag, war ich unzufriedener als zuvor. Vier Tage später konnte ich morgens einen anderen Bock strecken, als ich, an den Stamm einer Buche gelehnt, im Hochwald saß, und mich das leichte Schwanken eines Zweiges auf ihn aufmerksam gemacht hatte. Der Bock war alt und stark, und hatte eine gute Trophäe. Dabei blieb es dann auch. Es hatte sich eben viel zum Nachteil verändert in diesem Revier, das früher einmal so gut gewesen war.

Einladungen

Dem Jäger, der zudem noch viel reist, bietet sich mancherlei Gelegenheit, Bekanntschaften zu machen, denn kaum eine andere Beschäftigung, bringt Menschen unterschiedlicher Herkunft, Berufe und Nationalitäten, so eng zusammen, wie gerade das Jagen. Die gemeinsame Begeisterung für das Waidwerk läßt so manche Freundschaft im In- und Ausland entstehen, Freundschaften, die oft das ganze Leben halten. Die Jagd an sich ist schon reizvoll, aber ohne Zweifel gehört ihre Ausübung im Kreise solcher Freunde und Gleichgesinnten zu den angenehmsten und nachhaltigsten Erlebnissen im Leben eines Jägers, und wenn sich das Jahr dem Ende zuneigt und die Zeit der Gemeinschaftsjagden gekommen ist, dann freut sich der Jäger über jede Einladung, die ihn erreicht. Nicht Wildvorkommen, Anlauf und Strecke wecken dann seine Erwartungen, auch der Wunsch und die Hoffnung, Freunde und Bekannte zu treffen, um in ihrem Kreis eine unbeschwerte Zeit zu verbringen, veranlaßt ihn, solchen Einladungen mit Freude zu folgen. Ist es dann soweit, so kann auch in kleinen und unscheinbaren Revieren, in denen am Ende der Treiben nur einige, wenige Kreaturen auf der Strecke liegen, ein Jagdtag zur bleibenden Erinnerung werden, und manchmal mehr Befriedigung geben, als eine aufwendige Jagd in einem Spitzenrevier, bei der alles dem Ziel, eine möglichst große Strecke zu machen, untergeordnet ist.

Es hängt dabei viel vom Jagdherrn als Ausrichter ab, ob man den Tag in guter Erinnerung behalten wird, oder ob man der Einladung besser nicht gefolgt wäre. So manchen Pächter, eines Reviers, lernt man erst in seiner Funktion als „Jagdherr“ richtig kennen. Die im normalen Leben als freundlich und umgänglich bekannt sind, gebärden sich als „Jagdherr“ plötzlich herrisch und rechthaberisch. Dann kann sich rasch die gute Stimmung, der zur Jagd erschienenen Jäger, ins Gegenteil verkehren!

Einen Jagdherrn, der in Jägerkreisen sehr bekannt und angesehen ist, möchte ich meinen Lesern nun vorstellen.

Er ist Pächter eines der im weiten Umkreis besten und wildreichsten Reviere, sieht trotz fortgeschrittenen Alters noch gut aus, kleidet sich vorzüglich und mit Geschmack, empfängt seine Gäste mit großer Liebenswürdigkeit, ist großzügig und scheut bei seinen Einladungen keine Kosten. Wenn es darum geht, seinen Gästen etwas Besonderes zu bieten, ist ihm nichts zu teuer und es gelingt ihm stets, sich bei seinen Einladungen noch zu steigern, denn sein Motto ist: Das Beste und Teuerste ist gerade gut genug! Aufgrund seines Erfolges als Geschäftsmann, ist er in seinen Kreisen angesehen und geachtet. Jäger mit zweifelhaftem Ruf verschmäht er entschieden aus Furcht, sich zu kompromittieren. In seinem Haus herrscht größte Ordnung, und alle aus seiner näheren Umgebung, haben sich seinem Einfluß unterworfen. Seine jährlich veranstalteten Drückjagden auf Rot- und Schwarzwild gehören zu den herausragenden Ereignissen der herbst- und winterlichen Jagden in der ganzen Region, und die Strecken, die dabei gemacht werden, sind unübertroffen. Die jagdlichen Einrichtungen in seinem überaus gepflegten Revier sind vom Besten und die Fütterungen das ganze Jahr über reichlich beschickt. Auf jagdliche Tradition legt er größten Wert, und das Streckelegen bei Fackelschein und Hörnerklang, das sich bis in den späten Abend hinein erstreckt, ist ein Schauspiel, das auch Nichtjäger anlockt.

Überhaupt sind die Jagden, die er veranstaltet, bestens organisiert, und nichts wird dem Zufall überlassen. Bevor die Treiben beginnen, bespricht er sich eingehend mit seinen Berufsjägern, und vergewissert sich, in welchen Treiben bevorzugt mit Wild zu rechnen ist, und wie getrieben werden soll. Eine Vergabe der Stände durch Losverfahren lehnt er entschieden ab. Er steht fest zu dem Grundsatz, in seinem Revier selbst zu entscheiden, wer nach ihm die aussichtsreichsten Stände besetzen soll, setzt aber auch hohe Erwartungen in jene, welche einen bevorzugten Stand erhalten haben. Die besten Stände vergibt er an Jäger, die auch gesellschaftlich die „oberen Plätze" einnehmen, enge Geschäftspartner und solche, die sich bei früheren Jagden als zielsichere Schützen erwiesen haben. Vor Beginn der Treiben sagt er klar und deutlich, was er von jedem erwartet. Saubere Schüsse, ohne Wildpretzerstörung, sind für ihn eine unabdingbare Forderung, und wem es unterlaufen sollte, einen „unsauberen Schuß" abzugeben, den fordert er auf, das betreffende Stück zum Höchstpreis zu erwerben. Überhaupt können Jäger die „schlecht schießen" nicht damit rechnen, nochmals eingeladen zu werden. Ihnen sagt er unmißverständlich, daß er mit ihren Leistungen nicht einverstanden sei, und empfiehlt ein Übungsschießen am Schießstand. Wenn schlecht geschossen wird, kann er durchaus die Selbstbeherrschung, die ihm sonst eigen ist, verlieren, und scheut dann nicht vor persönlichen Beleidigungen zurück. Andererseits kann er aber auch Jäger, die besonders gut schießen, nicht ausstehen.

Er selbst, ist ein geübter und zielsicherer Schütze, und hat meistens am Ende des Jagdtages die größte Strecke vorzuweisen. Hat er jedoch ausnahmsweise, mit der eigenen Wahl seines Standes kein Glück, und schlechten Anlauf gehabt, so ist dies für ihn Grund zu schlechter Laune. Handeln seine Nachbarschützen nach dem Motto: „it´s yours“, so wird dies von ihm als Schwäche ausgelegt; beschießen sie dagegen Wild, das sich möglicherweise in seinen Einzugsbereich begibt, so wird dieses Verhalten von ihm scharf getadelt. Er ist dann bester Stimmung, wenn insgesamt gut geschossen wurde, er jedoch alle übrigen übertroffen hat.

Seinen Einladungen leistet stets eine große Zahl von Jägern aus nah und fern Folge. Die einen sehen es als Ehre an eingeladen zu werden, die anderen möchten die Gelegenheit, einmal in einem wildreichen Revier jagen zu können, nicht missen. Wer des öfteren an diesen Jagden teilnimmt, wird jedoch manchen Freund oder Bekannten aus früheren Jahren vergeblich suchen, da dieser nicht mehr eingeladen wurde, oder es vorgezogen hat, nicht zu erscheinen. So wie das Jagdpersonal einem ständigen Wechsel unterworfen ist, so sind es dann auch die jagenden Gäste. Nur eine kleine Gruppe von Unverdrossenen findet sich regelmäßig ein! Auch die, in der Gunst des Jagdherrn stehenden Jäger, wechseln von Jahr zu Jahr.

Eine seltsame Beklommenheit ergreift viele der Jäger, wenn die Stände eingenommen sind und das erste Treiben beginnt. Jeder ist bestrebt, Fehlschüsse zu vermeiden, da er später über sie Rechenschaft ablegen muß, und läßt daher lieber ein Stück Wild passieren, als vorbei zu schießen, und sich später dafür verantworten zu müssen, denn die abgegebenen Schüsse, werden genau gezählt, und jedem Einzelnen zugeordnet.

Ein anderer Jagdherr aus demselben Landkreis, den ich zu meinen Freunden zähle, und zu dessen Jagden ich gerne gehe, ist Pächter eines nicht so großen Reviers mit einem eher bescheidenen Wildvorkommen. Bei ihm trifft sich ein kleiner Kreis von Jägern, die sich seit Jahren gut kennen, oder befreundet sind. Obwohl große Strecken nicht zu erwarten sind und nicht jeder mit Anlauf rechnen kann, folgt man gerne seinen Einladungen. Seine Ansprache, vor Beginn der Jagd, sind kurz und beschränkt sich auf das Notwendige. Ermahnungen oder gar Drohungen, was das schießen betrifft, gibt es nicht. Die Stände vergibt er durch Ziehen eines Loses aus seinem Hut, und schließt damit jede Bevorzugung aus. Er selbst nimmt meistens einen Stand ein, der wenig Aussicht auf Erfolg verspricht, denn ihm ist vor allem daran gelegen, daß seine Gäste zu Schuß kommen. Die Stimmung bei Beginn der Treiben, ist locker und entspannt, und bleibt so, während des ganzen Tages, unabhängig davon, wieviel Wild erlegt wird. Die abgegebenen Schüsse werden weder gezählt, noch gibt es irgendwelche Diskussionen über Fehlschüsse. Geht es am Ende des Tages an das Legen der Strecke, so wird dem jagdlichen Brauchtum Genüge getan, jedoch ohne jedwedes Pathos.

Angriff einer Elchkuh

Daß Elchbullen, falls sie einmal angreifen sollten, gefährlich sein können, ist allgemein bekannt, und man kann es sich, angesichts ihrer Größe und der des Geweihs, das sie tragen, auch gut vorstellen. Daß aber auch ein weiblicher Elch, wenn er sich bedroht fühlt, einen Jäger durchaus in Bedrängnis bringen kann, das mußte ich am eigenen Leib erleben.

Wir hatten im Norden Britisch Kolumbiens, dort, wo die Gebirgskette der Rocky Mountains mit dem Mt. Terminus ihren Anfang nimmt, oder ihr Ende hat, auf Elchwild gejagt. Im Flußtal des Kechika Rivers gibt es starkes Elchwild, und da gerade die Brunft begonnen hatte, war es nicht schwer gewesen, auf einen guten Bullen zu Schuß zu kommen. Es hatte einige Tage in Anspruch genommen, die gewaltige Masse an Fleisch und das kapitale Geweih in das Hauptcamp zu schaffen. Wir hatten dabei das Glück, daß der Elch nicht weit von dem See, an dem das Camp lag, gefallen war, denn so konnten wir das Fleisch ein gutes Stück des Weges mit dem Boot befördern. Als schließlich auch die Trophäe ausgekocht und gesäubert war, blieben immer noch einige Tage übrig, bis das Flugzeug uns abholen sollte.

Es gibt nichts Langweiligeres, als nach Beendigung einer Jagd im Camp, herumzuhängen, und auf das Flugzeug zu warten, es sei denn, man findet eine sinnvolle Beschäftigung. Für mich bestand sie im Angeln. Im See, an dem das Camp lag, gab es große Hechte, die zu fangen Spaß machte, wenn sie auch niemand im Camp zubereiten wollte, denn Kanadier schätzen den „northern pike“ nicht sehr, wohl wegen seiner vielen Gräten. So hieß es für mich „catch and release“. Auch im nahen Kechika war gutes Fischen, da gab es „steelheads“ und „dolly varden“. Ich fing auch davon einige, und die nahm ich stets in das Camp mit, denn sie sind, im Gegensatz zum Hecht, als Speisefisch sehr beliebt.

Wenn ich zum Fischen ging, hatte ich immer meine Filmkamera im Rucksack, aber meine Begeisterung für das Filmen wäre mir eines Tages beinahe zum Verhängnis geworden.

Ich war eines nachmittags auf dem Weg zurück zum Camp und war schon auf Sichtweite an die, an das Seeufer gebauten,

Blockhütten herangekommen, als mir in der Nähe des Seeufers ein dunkler Fleck auffiel, den ich sonst dort nicht bemerkt hatte, und beim Näherkommen erwies dieser sich als ein Elch, und zwar, als eine Elchkuh. Sie stand bewegungslos, mit gespreizten Vorderläufen da, und schien, eigenartigerweise, von ihrer Umgebung keine Notiz zu nehmen. Das war für mich ein sehr auffälliges Verhalten. Ich hatte inzwischen meine Filmkamera aus dem Rucksack geholt, und näherte mich langsam dem Tier, das mich, ohne zu flüchten, nahe herankommen ließ. „Eigenartig“, dachte ich mir, „eine Elchkuh so nahe am Camp, und ohne natürliche Scheu vor einem Menschen! Was hatte das zu bedeuten?“

Als ich nur noch wenige Meter von ihr entfernt war, und ihr sozusagen von Angesicht zu Angesicht gegenüber stand, erkannte ich, was die Ursache ihres sonderbaren Verhaltens war: Diese Elchkuh war krank, sie war verletzt, denn aus den Nüstern tropfte Blut. Träger und Flanken zeigten tiefe blutende Kratzspuren. Im ersten Augenblick konnte ich mir die Verletzungen nicht erklären, erst nach einiger Zeit wurde mir bewußt, was es mit diesen Kratzspuren auf sich hatte. Mir ging es zunächst auch mehr darum, die verletzte Elchkuh auf den Film meiner Kamera zu bekommen. Aber das Surren derselben, war dann wohl doch zuviel für das verletzte Tier. Im Sucher der Kamera, und stark vergrößert, sah ich es plötzlich auf mich losstürmen. Bevor ich noch zur Seite springen konnte, spürte ich einen harten Schlag an der linken Schulter, wurde zu Boden geschleudert, wobei die Kamera im weiten Bogen in das Gras der Wiese flog. Die Elchkuh hatte mich überrannt! Und sie stürmte auf den hinter mir gelegenen See zu, trabte hochbeinig in das flache aufspritzende Wasser, tauchte immer weiter ein, und begann schließlich zu schwimmen, Kurs auf das gegenüberliegende Ufer nehmend.

Dort angekommen, verhielt sie kurz, um dann in den Büschen zu verschwinden. Ich war inzwischen wieder aufgestanden, betastete meine Glieder, und stellte befriedigt fest, daß noch alles an mir heil war. Das war noch einmal gut gegangen! Erst allmählich wurde mir bewußt, in welch gefährliche Situation ich mich begeben hatte. Wäre anstelle der Elchkuh eine Geweihträger mein Kontrahent gewesen, so wäre der Angriff wohl nicht ohne ernstere Verletzungen ausgegangen.

Als ich dann im Camp von meinem Erlebnis berichtete, hatte man für die Verletzungen der Elchkuh rasch eine Erklärung. Da es reichlich Wölfe in dieser Gegend gab, war es am wahrscheinlichsten, so meinte man, daß sie von einem Rudel angegriffen worden war, als sie ihr Kalb verteidigen wollte. Sie selbst hatte den Angriff, wenn auch verletzt, überstanden, während das Kalb, wohl eine Beute der Wölfe geworden war.

Das Elchkalb, das eine Elchkuh war

Es gibt einige jagdliche Sünden, die ich in meinem langen Jägerleben begangen habe, und für eine davon lag der Schauplatz in Kanada, weit oben im Norden Britisch Kolumbiens. Es war in der Nähe von Fort St. James, wo ich mit einigen kanadischen Freunden zur Elchjagd war.

Bei dieser Jagd ging es nicht um Trophäen, denn meine Freunde, mit denen ich jagte, waren wie die meisten, kanadische Jäger, Fleisch- und nicht Trophäenjäger.

Wir hatten durch Losverfahren eine Lizenz für den Abschuß einer Elchkuh und eines Elchkalbes gezogen. Bereits nach wenigen Tagen war die Elchkuh erlegt, und das Fleisch hing im Camp. Übrig blieb noch das Kalb.

Der größte Teil des Gebietes, in dem wir uns befanden, war dicht bewaldet, und damit unbejagbar, aber es gab einige Lichtungen, wo Jahre zuvor, Holz geschlagen worden war, und auf diesen „burns“, die man so nennt, weil man das nicht verwertbare Holz dort einfach verbrennt, war gutes Jagen. Diese Kahlschläge waren mit Weidenbüschen, der bevorzugten Nahrung der Elche, bewachsen. Wir jagten, jeder für sich, in einem ihm zugewiesenen Bereich, in dem es jeweils einen der Kahlschläge gab. Um in mein Gebiet zu gelangen, mußte ich, einen gut einstündigen Fußmarsch, auf einem überwachsenen, alten Holzabfuhrweg bewältigen.

Ich war nach einem raschen Frühstück noch bei Dunkelheit aufgebrochen, und hatte große Mühe, meinen Weg zu finden. Eng standen die Bäume entlang des Weges, und kaum ein Schimmer des beginnenden Tages, drang durch die dichten Fichtenkronen. Langsam pirschte ich den Weg entlang. Dabei mußte ich ständig querliegendes Fallholz übersteigen, oder umgehen. Das nahm viel Zeit in Anspruch. Endlich wurde es am Ende des Tunnels, den die Bäume um den Weg bildeten, heller. Ich war nun nicht mehr weit von dem Kahlschlag entfernt, an dessen Rand ich mich ansetzen wollte. Noch ein paar Schritte, und ich sah die Lichtung vor mir liegen. Die Nacht war kalt gewesen, und noch hingen dünne Nebelschwaden wie Schleier über Büschen und

Bäumen. Die Sicht war schlecht, aber den Elch, der mitten auf der Lichtung stand, konnte ich gar nicht übersehen. Unbeweglich, stand er in den Büschen, dunkel hob er sich von dem gelbverfärbten Laub der Weiden deutlich ab. Daß dies kein starkes Stück war, konnte ich auf den ersten Blick erkennen, aber: War es ein starkes Kalb, oder eine schwache Elchkuh, das war die entscheidende Frage, denn: Ein Elchkalb durfte ich schießen, keinesfalls jedoch eine Elchkuh, denn die war ja bereits erlegt, und eine weitere Lizenz war nicht vorhanden. Kalb und Elchkuh als solche eindeutig zu erkennen, und zu unterscheiden, ist vor allem dann nicht leicht, wenn man nur ein einzelnes Stück vor sich hat, und keinen Vergleich mit einem anderen, der gleichen Art anstellen kann.

Ich beobachtete lange und intensiv, aus meinem sicheren Versteck heraus, den Elch, der jetzt begonnen hatte, Blätter von den Weidenbüschen zu äsen. Außer diesem Elch schien kein weiteres Wild auf der Lichtung zu sein.

Es war inzwischen heller geworden, und die Sicht wurde besser. Ich besah mir sicherheitshalber nochmals den Elch, der immer noch am gleichen Platz stand, durch mein Fernglas, und war mir nun ziemlich sicher, ein Elchkalb vor mir zu haben, denn mir schien die Decke von einem helleren Braun, als bei einem ausgewachsenen Tier zu sein. Eine Zeitlang wartete ich noch, dann entschloß ich mich, das Kalb zu schießen. Mein Schuß riß es von den Läufen, es fiel im Knall, und nichts war mehr von ihm zu sehen. Kaum hatte ich die nächste Patrone in den Lauf repetiert, stand es jedoch wieder da. Der nachfolgende Schuß, zeigte, dasselbe Ergebnis wie der Erste.

Eine halbe Pfeifenlänge hielt es mich noch an meinem Platz, dann ging ich eilends hinaus auf die Lichtung. Bald hatte ich das Kalb gefunden, und ich machte mich daran, es zu versorgen. Als ich gebückt darüber stand, um die rote Arbeit zu verrichten, hörte ich mit einem Mal, hinter mir in den Büschen ein eigenartiges Geräusch, das ich mir nicht erklären konnte. Es klang, wie das Schnauben eines Pferdes, aber das konnte es doch nicht sein! „Vielleicht die Elchkuh, die zu dem Kalb gehört?“, dachte ich mir, „gleich wird sie angestürmt kommen, sieh dich vor!“ Aber es kam keine Elchkuh, doch das eigenartige Schnauben war immer noch zu hören, und das ließ mir jetzt keine Ruhe mehr. Ich nahm das abgestellte Gewehr zur Hand, und ging auf die Suche nach der Ursache des Geräusches.

Ich brauchte nicht lange zu suchen: Kaum dreißig Schritte, von der Stelle entfernt, wo das Kalb lag, fand ich eine Elchkuh, die im Verenden war. Rasch gab ich ihr, um ihr Leiden zu beenden, den Fangschuß.

Es schien sich wiederholt zu haben, was mir schon früher einmal passiert war. Eines der Tiere war bei der Abgabe des ersten Schusses gebettet gewesen, und hatte sich danach erhoben. Ich hatte es für das nämliche Stück Wild gehalten, auf das ich zuvor geschossen hatte.

Nun befand ich mich in einer sehr unangenehmen Lage: Die Jagdgesetze in Kanada sind streng, und wäre mein unbeabsichtigtes Vergehen bekannt geworden, hätte ich mit ernsten Konsequenzen rechnen müssen. Hatte ich eine andere Wahl, als dieses Mißgeschick, meinen Freunden zu verschweigen, denn: als „Mitwisser“ hätte ich sie damit auch zu „Mittätern“ gemacht? Ich konnte also nichts anderes tun, als die Elchkuh den Wölfen, von denen es reichlich in dieser Gegend gab, als Beute zu überlassen. Dann begab ich mich zurück in das Camp, wo ich meinen Freunden, die leer ausgegangen waren, berichtete, daß ich ein Elchkalb erlegt hatte. Meine Nachricht wurde freudig begrüßt, denn sie bedeutete, Fleisch für alle. Gemeinsam schafften wir das Kalb dann in das Camp.

Draußen auf der Lichtung, blieben der Aufbruch des Elchkalbes, und die von mir versehentlich geschossene Elchkuh zurück. Das war für mich ein guter Grund, nochmals an den Ort meines Jagdfrevels zurückzukehren, um auf einen Wolf anzusitzen. Ich zog alle verfügbare warme Kleidung an, die ich im Camp hatte, und packte eine Thermosflasche mit heißem Tee in meinen Rucksack; denn ich erwartete, eine kalte Nacht.

Ein kurzes, schmales Brett, das ich im Camp fand, sollte als Sitzgelegenheit dienen. Am Rande der Lichtung angekommen, suchte ich einen geeigneten Baum, von dem aus ich den Kahlschlag gut überblicken konnte, und der in Schußentfernung von

Aufbruch und Elchkuh war, bestieg ihn, legte das mitgebrachte Brett als Sitzgelegenheit über zwei Äste, und richtete mich auf eine lange Nacht ein. Ein Strick, den ich mir um den Bauch schlang, und am Stamm des Baumes festband, sollte verhindern, daß ich, etwa vom Schlaf übermannt, abstürzte.

Von meinem „Hochsitz", hatte ich eine gute Sicht auf die Lichtung. Allmählich wurde es dunkler und auch zusehend kälter; Nebel senkte sich über die freie Fläche. Bald schwand auch das Büchsenlicht, und es verging Stunde um Stunde, ohne daß sich etwas tat. Ein halber Mond war aufgegangen, und ließ die nähere Umgebung, wenn auch nur unzureichend, erkennen. Gegen Mitternacht schoben sich wie verschwommene graue Schemen, vier, fünf Wölfe aus dem Unterholz. Gierig fielen sie über die Elchkuh her. Knochen knackten und tiefes Knurren schwoll an, und erstarb wieder. Timberwölfe mußten es wohl sein. Aber sie für einen Schuß ins Zielfernrohr zu bringen, das gelang mir nicht!

Gegen Morgen, klangen die schauerlichen Geräusche wieder ab, die Wölfe hatten sich vor Tagesanbruch davongestohlen. Steif und unterkühlt, stieg ich von meinem Baum, auf dem ich mehr als zehn Stunden gesessen hatte.

Die Wölfe hatten ganze Arbeit geleistet. Mehr als die Hälfte der Elchkuh hatten sie in einer Nacht verschlungen.

Es war der längste Ansitz meiner jägerischen Laufbahn gewesen. Nie mehr, war ich später, auch nur annähernd so lange angesessen. Und nach dieser kalten, und unbequem, verbrachten Nacht, hätte mich selbst die sichere Gewißheit, auf einen Wolf zu Schuß zu kommen, nicht dazu bringen können, einen Ansitz dieser Art zu wiederholen. Und doch möchte ich diese Nacht in meiner Erinnerung nicht mehr missen!

Als ich steifbeinig wieder im Camp eintraf, gab es ein großes Hallo. Mit dick bereiftem Bart und Augenbrauen, mag ich, wie ein Weihnachtsmann ausgesehen haben. Dabei war es noch gut vier Wochen bis Weihnachten. Wie pflegte doch meine Großmutter zu sagen...

Mein „Guide“ fällt vom Pferd

Da gab es noch eine andere gefährliche Situation, die ich auf der Jagd erlebt habe. Sie betraf aber nicht mich selbst, sondern einen Begleiter, einen sog. Guide, wie es im Englischen heißt.

Es begab sich im hohen Norden Britisch Kolumbiens, als ich, an einem Tag im September, unter Führung eines solchen Guides von einem, an einem See gelegenen Camp, losgeritten war. Wir wollten ein Außencamp aufsuchen, um in dessen Umgebung auf Schneeziegen zu jagen.

Mein Guide, er hieß Doug, war ein junger, kräftiger Bursche, ein guter Reiter auch, ja, ihn reiten zu sehen, war eine wahre Freude. Er schien, auf einem Pferd geboren zu sein. Kein Wunder, daß er gut reiten konnte, war er doch auf einer Farm aufgewachsen.

Die Tage zuvor hatten wir mit Erfolg auf Elch gejagt, und ich hatte dabei nicht nur seine besonderen Fähigkeiten als Reiter, sondern auch als Jäger kennenlernen können. Sein einziger Fehler war, daß er, wohl infolge, seines jugendlichen Alters, im Gelände zu schnell war, und sich wenig darum kümmerte, ob sein ihm anvertrauter Begleiter auch folgen konnte. Er hatte wohl den Standpunkt, daß man bei einem Jagdgast, der in Kanada jagen wollte, auch die nötige Fitneß voraussetzen konnte. So schien er es stets eilig zu haben, sowohl beim Pirschen im Busch, als auch beim Steigen in den Bergen. Immer war er ein gutes Stück voraus, und man hatte Mühe, den Anschluß nicht zu verlieren.

So war es auch jetzt, als wir zu Pferd, das Hauptcamp verlassen hatten, und Richtung Außencamp ritten. Ein etwa fünfstündiger Ritt sollte vor uns liegen. Alles deutete darauf hin, daß es ein herrlicher Tag werden würde. Die Morgenluft war noch recht kühl, und auf dem Gras lag der Reif der vergangenen frostigen Nacht, doch tiefblau wölbte sich ein wolkenloser Himmel über uns, und die Spitzen der fernen Berge, die unser Ziel waren, leuchteten schon hell in der Morgensonne.

Wir ritten durch offenes Gelände, einem Wildwechsel folgend, der am Ufer eines Flußes entlang führte. Schon nach kurzer Zeit, war mir Doug weit voraus. Mir hatte man ein besonders ruhiges und gut gezogenes Pferd gegeben, das bemüht war, seinen eigenen Rhythmus zu halten, und anscheinend keinen Wert darauf legte, zu meinem Vordermann aufzuschließen.

Wir hatten bereits mehrere, schmale Nebenarme des Flußes, an dessen Ufer wir entlangritten, durchquert, als wir an einem tief eingeschnittenen Graben ankamen, in dem ein reißender, weiß schäumender Seitenarm des Flußes dahinströmte. Als ich den Rand des Grabens erreicht hatte, war Doug bereits den Abhang hinuntergeritten, und war eben dabei, sein Pferd in das Wasser zu lenken. Als er etwa die Mitte des Flußes erreicht hatte, blieb das Pferd abrupt stehen. Doug's Versuch, es durch Sporengeben anzutreiben, folgte ein plötzliches Aufbäumen des Pferdes, und Roß und Reiter, stürzten in das schäumende Wasser, tauchten unter, und verschwanden für einige Sekunden in den Wellen. Als erstes gewann das Pferd wieder Boden unter den Hufen, und stürmte in wilder Panik, an das gegenüberliegende Ufer. Dann endlich tauchte auch Doug's Kopf in den Fluten auf, verschwand wieder, und erschien erneut, zehn Meter flußabwärts, in dem schäumenden Weiß. Es gelang ihm, sich an einem Felsen festzuklammern, und dabei Boden unter den Füßen zu gewinnen.

Inzwischen hatte ich mein Pferd angetrieben, preschte den Hang hinunter, sprang ab, und watete, ohne viel nachzudenken, hinein in das eiskalte, brodelnde Wasser, und gelangte mit viel Mühe zu dem Felsen, an dem Doug einigermaßen Halt gefunden hatte. Ich umfaßte ihn, und gemeinsam erreichten wir das Ufer. Erschöpft sank er zu Boden. Sein Gesicht war blutverschmiert, eine breit klaffende Wunde, zog sich quer über das Kinn, und hatte den Knochen in einem umschriebenen Bereich freigelegt. Unter Stöhnen deutete er auf seine Brust, das Atmen schien ihm starke Schmerzen zu bereiten. Durch eine schnelle und kurze Untersuchung glaubte ich, feststellen zu können, daß keine Rippen gebrochen waren. Der Brustkorb erschien mir äußerlich stabil. Rasch packte ich aus meinem Rucksack das nötige Verbandsmaterial, mit dem ich einen Kopfverband anlegte.

Nachdem ich meinen Begleiter auf diese Weise versorgt hatte, durchquerte ich den Fluß, an einer mir unverdächtig erscheinenden Stelle, um sein Pferd wieder einzufangen. Zitternd vor

Angst stand es da, ließ sich jedoch, nachdem ich es beruhigt hatte, bereitwillig, über den Fluß zurückführen. Dann half ich dem verletzten Doug in den Sattel, und nachdem ich mein eigenes Pferd bestiegen hatte, ritten wir in das Hauptcamp zurück. Es dauerte dann allerdings gute zwei Stunden, und wir legten unterwegs mehrere Pausen ein, um den verletzten Doug, der immer noch über Schmerzen im Brustkorb klagte, nicht zu überfordern. Schließlich hatten wir das Camp erreicht, wo ich mit einem chirurgischen Notbesteck Doug´s Kinnwunde versorgte. Mit einem Schmerzmittel versehen, kroch er dann in seinen Schlafsack.

Nach weiteren zwei Tagen, waren seine Schmerzen abgeklungen, die Heilung der großen Wunde machte gute Fortschritte, und als es ihm wieder besser ging, erzählte er mir, wie es zu seinem verhängnisvollen Sturz gekommen war: Er war in den Fluß hineingeritten, und als er etwa die Mitte erreicht hatte, war sein Pferd, unvermutet stehengeblieben, und erst in dem Augenblick, als er es angetrieben, und ihm die Sporen gegeben habe, sah er unter dem Bauch des Pferdes, das gefährlich spitze Ende einer Baumwurzel aufragen, aber da sei es für sie beide schon zu spät gewesen, das Hindernis zu umgehen. Das Pferd wollte wohl noch, mit einem gewaltigen Sprung, das plötzlich auftauchende Hindernis überwinden, dabei hatte es seinen Reiter abgeworfen, und war selbst gestürzt, den Reiter mit einem der Hufe auf den Brustkorb tretend. So war es zu diesem recht spektakulären Unfall gekommen, der noch schlimmer hätte ausgehen können.

Doug, ein zäher Bursche, war nach den zwei Ruhetagen wieder voll auf den Beinen. So ritten wir denselben Weg zurück, erreichten diesmal das Außencamp, ohne Zwischenfall, und verbrachten erlebnisreiche Tage auf der Jagd nach Schneeziegen.

Sturz in den See

Oft schon bin ich gefragt worden, ob mir bei meinen zahlreichen Jagdausflügen im In- und Ausland noch nichts passiert sei. Solche Fragen machen mich etwas verlegen, denn noch nie habe ich irgendeine ernstere Verletzung oder einen anderen Schaden davongetragen, obwohl ich mich einige Male in bedrohlichen Situationen befunden habe. Aber immer hatte ich Glück und kam schließlich mit heiler Haut davon.

Von einem Unfall, den ich in Kanada erlitten habe, und der böse hätte ausgehen können, möchte ich berichten.

Es war an einem Tag im Spätherbst, als ich mich nach einer erfolglosen Jagd auf Schwarzbär, in den Bergen der Coast Range in Britisch Kolumbien auf den Rückweg begab. Ich hatte in einem Tal, das sich an einen großen See anschloß, den ganzen Tag über gejagt, und hatte, wenn auch auf große Entfernung zwei Bären gesehen. Aber als ich nach zweistündiger anstrengender Pirsch dort ankam, wo ich sie zuvor über eine sehr weite Distanz im Fernglas gesehen hatte, waren sie nicht mehr da. Sie waren wohl weitergezogen und ich konnte sie nicht ausfindig machen. So begab ich mich, ziemlich enttäuscht, auf den Weg zu meinem Boot, das an dem einen Ende des Sees lag. Mein Auto hatte ich am anderen Ende des Sees abgestellt, wo ich zuvor das Boot zu Wasser gebracht hatte. Um wieder zu meinem Auto zu gelangen, mußte ich den mehr als zehn Kilometer langen, und etwa halb so breiten See, mit meinem kleinen Boot, an dem sich ein Außenbordmotor befand, der Länge nach durchqueren.

Es war einer jener typischen Tage im Spätherbst, die tagsüber noch beinahe sommerliche Temperaturen bescheren, das Thermometer während der Nacht aber auf null Grad oder noch tiefer absinken lassen.

Inzwischen war es später Nachmittag geworden, als ich, von meiner Pirsch recht müde, an meinem Boot ankam. Die Fahrt im Boot würde etwa eineinhalb Stunden dauern; das wußte ich von früheren Jagdausflügen in dieser Gegend.

Ich verstaute Gewehr und Rucksack vorn im Boot, warf den Motor an und steuerte hinaus auf den See. Der kürzeste Weg zu meinem Auto führte durch die Mitte des Sees. Gleichmäßig tukkerte der kleine Motor, und ich machte gute Fahrt. Es gab kaum Wellen, und der See lag ruhig da. Die Dämmerung war bereits hereingebrochen, und es wurde allmählich kühl auf dem Wasser. Ein leichter Wind wehte mir von Westen entgegen, und ich zog meinen Pullover, den ich im Rucksack hatte, unter die Jacke, um nicht zu frieren.

Als ich etwa die Hälfte der Strecke zurückgelegt hatte, begann der Motor zu stottern. Der Treibstoff im Tank, schien zur Neige zu gehen. Ich griff nach dem Zehnliterkanister, der unter meiner Sitzbank stand, erhob mich, und öffnete die Verschlüsse an Tank und Kanister. Um aufzutanken, mußte ich mich auf die hintere Sitzbank knien, und den Treibstoff in den Stutzen des Außenbordmotors gießen.

Vielleicht hatte ich mich dabei etwas zu weit auf eine Seite gelehnt, und das Gewicht des Kanisters tat das Übrige: Jedenfalls kam das schmale Boot plötzlich in eine zu starke Schräglage, und bevor ich reagieren konnte, stürzte ich schon über Bord ins Wasser.

Ein gewaltiger Schreck fuhr mir in die Glieder. „Du bist weit vom nächsten Ufer entfernt, und das Wasser ist kalt. Wie kommst du da wieder heraus?" zuckte es mir durch den Kopf. Ich zog mich, wieder aufgetaucht, am Bootsrand hoch und sah, daß das Boot Wasser geschöpft hatte, ja, schon fast zur Hälfte vollstand. Gewehr und Rucksack lagen zwar noch im Boot, waren jedoch von Wasser bedeckt.

Der Versuch, wieder in das Boot zu gelangen, hätte sein sicheres Sinken zur Folge gehabt; denn dabei wäre es vollgelaufen und untergegangen. Rasch wurde mir klar, daß ich an das Ufer schwimmen mußte. Leichtsinnigerweise hatte ich, als ich losgefahren war, darauf verzichtet, eine Schwimmweste anzulegen. Sie befand sich im Boot, ich hatte aber keine Möglichkeit an sie zu gelangen. Meine dicke Jacke, die ich trug, hatte sich inzwischen voll Wasser gesogen, und hing wie Blei an mir. Ich zog sie daher aus und überließ sie dem See. Dann entschied ich mich, rasch die Situation überdenkend, an das linke Seeufer zu schwimmen, denn es schien mir etwas näher als das rechte. Daß es aber auf dieser Seite des Sees keine Straße gab, so daß ich nicht damit rechnen konnte, von einem zufällig vorbeifahrenden Auto mitgenommen zu werden, wurde mir nicht gleich bewußt.

Ich begann, in Richtung, auf das gewählte Ufer zu schwimmen, das Boot neben mir herziehend, denn ich wollte es nicht mit allem, was sich darin befand, im Stich lassen. Außerdem konnte ich es benützen, um mich, an ihm festhaltend, immer wieder etwas auszuruhen. Dies erwies sich bald als die richtige Entscheidung, denn in immer kürzeren Abständen, mußte ich so handeln, um wieder etwas zu Kräften zu kommen.

Ich weiß nicht mehr, wie lange ich so geschwommen bin, eine Stunde, oder etwas mehr, mögen es wohl gewesen sein. Inzwischen war es finstere Nacht geworden. Endlich tauchte das bewaldete linke Ufer schemenhaft vor mir auf, und bald spürte ich auch Grund unter meinen Füßen. Ich wankte an Land und ließ mich einfach fallen. Mein einziger Wunsch war auszuruhen. Aber es dauerte nicht lange, und die mich jetzt voll erfassende Kälte, brachte mich in die Wirklichkeit zurück.

Daß ich grundsätzlich nicht, ohne wasserdicht verpackte Streichhölzer, in den Busch gehe, kam mir in dieser Lage zugute. Aus dem reichlichen Treibholz, das am Ufer lag, entfachte ich ein loderndes Feuer. Meine Kleider, die ich schnell ausgezogen hatte, hing ich an Stöcken an das Feuer, um sie zu trocknen, und kauerte mich ganz nahe an die knisternde Glut. Sehr langsam nur wich die Kälte aus meinem Körper. Aber immerhin, ich war bald wieder soweit, mir erste Gedanken machen zu können, wie es nun weitergehen sollte. Zu Fuß zu meinem Wagen zu kommen, war nicht möglich, denn auf dieser Seite des Sees, gab es weder Pfad noch Straße. Dichter Busch reichte unmittelbar bis an das Wasser heran, und der war so gut wie undurchdringlich. Im Dunklen sich dort zurechtfinden zu wollen, schien also eine unlösbare Aufgabe zu sein! Ich mußte folglich versuchen, mein Boot wieder flott zu machen.

Unter größter Kraftanstrengung gelang es mir, das Boot so weit zu kippen, daß es leerlief. Aufatmend füllte ich dann den Tank, aus dem Reservekanister, und nach einigen kräftigen Zügen am Seil des Anlassers, sprang der Motor tatsächlich an. Ich war glücklich, hatte ich doch mit noch ernsteren Problemen gerechnet, da ich ja nicht ausschließen konnte, daß Wasser in den Tank gelangt war. Aber bald lief der Motor wieder rund, und wenn ich auch erbärmlich fror, -meine Kleidung war am Feuer nicht ganz trocken geworden-, so war ich doch der Meinung, daß das Abenteuer, alles in allem, noch glimpflich ausgegangen war.

Ich erreichte mein Auto kurz vor Mitternacht, und eine Stunde später, saß ich in der Hütte am wärmenden Feuer.

Ich wußte erst nicht, was das Ganze bedeuten sollte. Schließlich hatte jeder von uns beiden Gästen seinen Puma geschossen. Daß J. trotzdem weiterjagen wollte, hielt ich für reine Zeitverschwendung. Jedenfalls hatten die Hunde am nächsten Tag einen weiteren Puma auf dem Baum. Auf seine Hunde war eben Verlaß: Kamen sie auf eine heiße Fährte, dann konnte man sicher sein, daß sie den Puma auch stellten. Na, er war ja auch nicht wenig stolz auf seine Hunde. Nicht umsonst galten sie als die besten im weiten Umkreis.

Natürlich hatte J. sich etwas dabei gedacht; er tat nichts nur zum Spaß. Schließlich war er nicht nur Jagdführer, sondern auch Geschäftsmann.

Als er dann ins nächste Dorf fuhr, um zu telefonieren, begann ich zu ahnen, was er vorhatte. Aber, daß er einen Kunden im 4000 km entfernten New York auffordern würde, mit der nächsten Maschine zu kommen, um den aufgebaumten Puma zu schießen, hätte ich auch im „Land der unbegrenzten Möglichkeiten“, nicht für möglich gehalten.

Zweimal Stonesheep

Schafe müßte man jagen, solange man noch nicht vierzig Jahre alt sei, hatte man mir gesagt; denn die Schafjagd in den Bergen, sei anstrengend, und nichts für ältere Leute. Das hatte ich mir zu Herzen genommen, und war nach Ft. Nelson geflogen, wo mich der „Outfitter“ abholte, und mich nach einem Ruhetag, den ich wegen der Zeitverschiebung, und des damit verbundenen „Jetlags“ dringend brauchte, mit seiner „Cessna“, in das Camp in den Cassiar Mountains brachte. Da standen ein paar Blockhütten an einem, von oben her gesehen blau schimmernden, langgestreckten See, dahinter ein Corral mit Pferden, und auf dem Wasser dümpelte eine alte „Supercub“. Es war das typische Bild eines Camps im Norden Kanadas.

Schafe jagt man am besten zu Pferde, das ist weniger anstrengend, denn das Gebiet, in dem sich das Stonesheep aufhält, ist groß, und besteht aus nichts anderem, als hohen Bergen und tiefeingeschnittenen Tälern, die immer wieder überwunden werden müssen, was auf dem Rücken eines Pferdes leichter fällt, als auf den eigenen Füßen. Das Außencamp, von dem aus wir auf Schafe jagen wollten, war einen Tagesritt vom Basiscamp entfernt. Es bestand aus einigen Zelten, die auf einer kleinen Anhöhe am Ufer eines Flußes aufgebaut waren. Ein schmaler Trail führte hinter dem Camp durch den Wald, zog sich steil nach oben bis über die Baumgrenze. War man einmal dort oben, so hatte man freie Sicht auf die kahlen, oder nur mit einigen Weidenbüschen bewachsenen Kämme und Hügel, die sich bis zum Horizont aneinanderreihten. Alles das war Schafgebiet!

Jeden Tag ritten wir die langgezogenen, schmalen Kämme entlang, und hielten nach Schafen Ausschau. Am Morgen des zweiten Tages, stießen wir auf ein Rudel weiblicher Schafe, und am späten Nachmittag sahen wir, über zwei Täler hinweg und weit entfernt, einige Widder. Es hätte mehr als einen ganzen Tag in Anspruch genommen, an sie heranzukommen. Dann vergingen weitere Tage, ohne daß wir auch nur die Fährte eines Schafes fanden. Endlich an einem Nachmittag, wir waren schon einige Stunden geritten, entdeckte mein „Guide“ Napoleon, ein „Carrier-

Indianer“, ein größeres Rudel Schafe, kleine helle Punkte, die, verstreut an der steil abfallenden Flanke eines kegelförmigen Berges, ästen. Lange hatte er sie mit dem Spektiv beobachtet, bis er sicher war, daß es sich um „rams“ handelte. Aber ob sich auch ein schußbarer, einer der „full curl“ war, dessen Schnecken also eine volle Umdrehung aufwiesen, in dem Rudel befand, war auf die große Entfernung nicht zu entscheiden. Auch das Spektiv, konnte diese Frage nicht eindeutig beantworten. In ein paar Stunden könnten wir es schaffen, an sie heranzukommen, wenn wir uns ranhielten, meinte Napoleon! Nur, an diesem Tag, noch in das Camp zurückzureiten, das wäre nicht möglich. Ob ich denn bereit wäre, die Nacht ohne Zelt und Schlafsack, im Freien zu verbringen, fragte mich Napoleon. Ein Feuer zum Wärmen wolle er entfachen, aber auf eine Mahlzeit müßten wir wohl verzichten, denn es wären keine Lebensmittel in den Satteltaschen. Ich war damals bereit, für ein Schaf, alles zu tun, und auf Zelt, Schlafsack und alle anderen Bequemlichkeiten zu verzichten. Nichts konnte mich abschrecken, meine Zustimmung zu geben, und so ritten wir weiter, zwei oder mehr Stunden, den Kamm entlang. Dann führte der Trail hinab in das nächste Tal, und wieder nach oben, bis wir endlich den Berg, auf dem wir die Schafe gesehen hatten, und der, wie ein stumpfer Kegel geformt war, erreichten. Jetzt ging es wieder bergauf durch einen schmalen Streifen von Fichten.

Dann wurde es wieder lichter, um uns standen nur noch einige Krüppelfichten, und bald hatten wir auch sie hinter uns gelassen, und waren an der Baumgrenze angelangt. Die Widder mußten sich auf unserer Höhe, an der von uns abgewandten Bergflanke, befinden.

Wir stiegen ab, und Napoleon band die Pferde fest. Zu Fuß stiegen wir weiter, überquerten ein vor uns liegendes breites Geröllfeld, das zu überwinden, uns viel Zeit kostete. Auf den dahinterliegenden Grashängen, kamen wir gut voran, und waren etwa eine Stunde, nachdem wir unsere Pferde verlassen hatten, dort angelangt, wo wir die Schafe vermuteten. Steil fiel der Hang ab, hin zu einem ausgedehnten Weidengebüsch, das sich, wie ein breites Band, um die Flanke des Berges zog. Wir gingen hinter einem Felsen in Deckung, nahmen unsere Ferngläser zur Hand, und suchten das Gelände ab. Mittlerweile war es später Nachmittag geworden. Die Sonne stand knapp über den Gipfeln der gegenüberliegenden Berge. In der Ferne erhoben sich die bizarr geformten Felszacken der Sharktooth-Mountains. Eine Viertelstunde noch, dann würde die Sonne dahinter verschwinden! Waren die Widder nicht weitergezogen, so mußten sie in dem Weidengebüsch unter uns sein. Dorthin richteten wir also unsere ganze Aufmerksamkeit. Plötzlich war an einem der Büsche ein leichtes Schwanken der Zweige zu erkennen, und bevor ich noch mein Glas heben konnte, tauchten über den Büschen die Häupter zweier Widder, mit mächtigen Schnecken auf. Und schon traten sie auch ins Freie. Es war ein überwältigender Anblick, viel größer waren sie, als ich erwartet hatte, und massiver die Schnecken. Da hörte ich auch schon Napoleons leise, aber eindringliche Stimme, an meinem Ohr: „Shoot the left one, it is full curl!“ Ich war die ganze Zeit über auf das Erscheinen der Schafe vorbereitet gewesen, und hatte meine Büchse quer über meinen angezogenen Beinen liegen, es bedurfte deshalb nur einer raschen Bewegung, um sie in Anschlag zu bringen, und abzudrücken. Im Knall war der beschossene Widder verschwunden, aber andere Widder tauchten in den Büschen auf, stürmten daraus hervor, um in verschiedene Richtungen davonzueilen. Es war faszinierend, diese acht oder zehn kraftvollen „rams“, auf ihrer wilden Flucht zu sehen.

Hatte ich nun meinen Widder getroffen? Oder war er unter denen, die um uns herum in Panik flüchteten? Ich wollte mich an Napoleon wenden, um seine Meinung zu hören, der aber war bereits aufgesprungen und rief mir zu: „Come on, Doc, follow me!“ Rechter Hand fiel der Hang in eine tiefe Schlucht ab, und dorthin rannte Napoleon, von mir gefolgt. Als wir an den Rand der Schlucht kamen, warf sich Napoleon auf den Bauch und beobachtete, die Ellenbogen aufgestützt, den Gegenhang mit seinem Glas. Dort sah ich zwei oder drei der „rams“ in weit ausholenden Sätzen bergwärts flüchten. Kaum hatte ich mich ebenfalls auf den Bauch geworfen, um besser beobachten zu können, da rief Napoleon mir auch schon zu: „Shoot the second one!“, immer noch durch das Glas sehend. Und auf meinen Einwand, daß ich glaubte, mit dem ersten Schuß getroffen zu haben, folgte ein: „No, you missed, I´m sure.“ Nun hätte ich natürlich den Finger geradelassen können, aber so ganz sicher war ich mir eben doch nicht. Und als ich Napoleon´s nochmaliges, eindringliches: „Shoot quickly!“ an meinem Ohr hörte, zielte ich etwas vor, und über die Schulter, des schon recht weit entfernten zweiten Widders, und drückte ab. Der Widder hielt abrupt in seiner Flucht inne, knickte vorn ein und stürzte, wie im Zeitlupentempo, sich mehrfach überschlagend, den Hang hinunter. Steine polterten, und Äste brachen, dann war es still. Wie aus weiter Ferne hörte ich Napoleon´s: „Good shot“ und spürte seine kräftige Hand auf meiner Schulter. Langsam fand ich meine Fassung wieder. Mehrere Tage hatten wir erfolglos gejagt, und nun war ich, innerhalb weniger Minuten, gleich zweimal auf einen Widder zu Schuß gekommen. „Ein so komprimiertes Jagdglück ist schon beinahe zu viel des Guten“, dachte ich mir, „wenn da nur nicht noch etwas Unangenehmes nachkommt!“

Napoleon hatte bereits begonnen, in die Schlucht hinabzusteigen, deutete mir aber an, auf ihn zu warten, den gefährlichen Abstieg traute er mir wohl nicht zu. Die Schlucht war tief und unwegsam, und das Hinuntersteigen und Herauftragen des Widderhauptes würde längere Zeit in Anspruch nehmen. Ich entschloß mich, in der Zwischenzeit, den Anschuß des ersten Widders aufzusuchen. Ich hatte ein Gefühl des Unbehagens, als ich mich der Stelle näherte, wo der vermeintliche Anschuß gewesen war. Nicht auszudenken, wenn dieser Widder auch liegen würde. Aber mein „Guide“ war sich ja sicher gewesen, daß ich mit dem ersten Schuß gefehlt hatte!

Auch, wenn ich es befürchtet hatte, so war ich doch ziemlich überrascht, als ich am Anschuß den Widder mit einem Blattschuß verendet fand. Ich ging zurück zur Schlucht, und sah Napoleon, mit dem Widderhaupt auf der Schulter, die letzten Meter hochsteigen. Als ich ihm von dem anderen Widder berichtete, war er zunächst sprachlos. Als er sich gefaßt hatte, beteuerte er feierlich, gesehen zu haben, wie der von mir beschossenen Widder, mit den übrigen geflüchtet sei.

Es war eine verfahrene Situation, und keiner von uns wußte, was wir zu unserer Entschuldigung oder Erklärung vorbringen könnten. Beide Widder waren zwar „full curl", also nach den geltenden Richtlinien legal, aber einer davon war eben zuviel.

Noch in derselben Nacht, ritten wir zurück in das Camp. Wir konnten den nächtlichen Ritt wagen, denn unsere Pferde, waren trittsicher genug, und der halbvolle Mond, spendete ausreichend Licht. Gegen Mitternacht erreichten wir unsere Zelte. Als wir dann zwei Tage später mit zwei Widdern im Hauptcamp ankamen, gab es eine sehr aufgeregte Diskussion, zwischen dem „Outfitter" und meinem „Guide" Napoleon.

So erlebnisreich diese Jagd auch gewesen sein mag, waren meine Gefühle bei der Abreise doch sehr zwiespältig. Da war zwar der verhängnisvolle Irrtum meines „Guides" gewesen, aber, auch ich hatte einen Fehler begangen, denn ich hätte nach dem ersten Schuß nachdrücklicher darauf bestehen müssen, den Anschuß zu überprüfen, so wie man dies im heimischen Revier tun würde. Aber die Jagd zuhause im heimischen Revier, wo man die Entscheidung selbst zu treffen hat, und die Jagd im Ausland mit einem „Guide", dessen Weisungen man folgen sollte, sind nicht dasselbe, zumal wenn es sich um eine Schafjagd handelt, bei der man in der Regel kaum mehr als eine Chance hat. Die Verweigerung eines vom „Guide" empfohlenen Schusses kann teuer sein, denn sie könnte „Ende der Jagd" bedeuten, und wer will schon ein solches Risiko eingehen!

Ein Pferd angepirscht

Für alles gibt es ein „erstes Mal". Ich erinnere mich noch an den ersten Fasan, den ich schoß, die erste Forelle, die ich fing, und an den ersten Rehbock, den ich erlegte.

Ich erinnere mich auch noch gut an meine erste Wapitijagd in den USA, obwohl diese Jagd vom Standpunkt des Erfolges nicht gerade ein denkwürdiges Ereignis war, aber ich hatte dabei meine Erfahrungen gemacht, und wie es heißt, lernt man am besten durch sie. Aber am allermeisten lernt man bekanntlich aus seinen Fehlern, und ich habe so manches auf dieser Jagd gelernt!

Es war irgendwo in Colorado, und es ist schon recht lange her. Wenn ich mich recht erinnere, kostete damals eine „Nonresident-Lizenz" auf Wapiti ganze fünfzig Dollar. Ich jagte mit einigen amerikanischen Jägern, von denen aber keiner die Gegend so richtig kannte, in der wir Wapitis schießen wollten, und von denen auch keiner große jagdliche Erfahrungen hatte. Einer meiner Jagdfreunde hatte immerhin Verwandte in der Gegend, wo wir jagen wollten, und sie sollten uns als Erfahrenere in ihr bevorzugtes Jagdgebiet mitnehmen. Ich war ziemlich aufgeregt und gespannt, was uns erwartete, denn Colorado gilt als einer der Staaten, mit der besten Wapitijagd, und es sollte in dem von meinen Freunden ausgewählten Gebiet, tatsächlich starke Wapitibullen geben.

Ich konnte den Beginn der Jagdzeit kaum erwarten. Der „opening day" begann mit der Anfahrt in das Jagdgebiet. Wir wurden auf einem mit Steinen übersäten, tief ausgefahrenen Weg, der den Namen Straße ganz und gar nicht verdiente, auf einen Berg gebracht. Es schien, als ob ein Bulldozer ein- oder zweimal durch das Gelände gefahren sei, und als ob dann der Weg dem Verkehr übergeben worden war. Jedenfalls kamen wir auf dem Bergrücken an, wenn auch nicht in derselben Position, in der wir uns bei der Abfahrt im Auto befunden hatten. Als wir losfuhren, war ich auf dem Vordersitz des Jeeps, und als wir oben ankamen, saß ich hinten. Die Erklärung dafür war, daß sieben Personen in den kleinen Jeep gepfercht waren; man mußte einfach die Position wechseln, quasi um zu überleben. Es erinnerte mich am Ende gar an die Zirkusnummer, in der ein Dutzend oder mehr Clowns aus einem VW-Käfer kriechen.

Als wir oben am Kamm angekommen waren, wurde „Kriegsrat“ gehalten. Ich selbst sollte nun aussteigen, in der Umgebung jagen, und am Abend den Jeep-Fahrer an einem Platz, den man mir im schwachen Licht einer Taschenlampe skizzenhaft in den Sand zeichnete, wiedertreffen. Ich hatte mehrere Hügel mit bewaldeten Hängen zu bejagen, um mich später, nach Einbruch der Dunkelheit, an dem mit x bezeichneten Punkt wieder einzufinden.

Ich machte mich also auf die Beine. Es war noch stockfinster, und ich hatte keine Ahnung, wo ich beginnen, und wohin ich mich wenden sollte. Es war nicht gerade das, was ich mir für meine erste Wapitijagd gewünscht hatte! Die Gegend schien aber ansprechend, wie ich später bemerkte: Es gab Hügel und Täler, die mit Espen, Douglastannen und Fichten bewaldet waren. Im Osten hellte sich der Horizont jetzt allmählich auf. Langsam pirschte ich durch den Wald und hielt nach einem Wapiti Ausschau, aber ich wußte nicht so recht, wo ich mit Aussicht auf Erfolg suchen sollte; ich hatte nun mal keine große Erfahrung mit der Jagd auf Wapitis. Jeden Schatten und jeden dunklen Busch kontrollierte ich daher sorgfältig mit dem Fernglas, und blieb immer wieder stehen, um zu horchen.

Den Maultierhirsch sah ich gegen zehn Uhr. Offensichtlich war er von anderen Jägern aufgescheucht worden, denn er kam im flotten Tempo genau auf mich zu. Ich lehnte gerade am Stamm einer Fichte und aß einen Apfel. Eine Lizenz für die „Deer“-Jagd besaß ich nicht, denn wir wollten ja auf Wapiti jagen. Ich bedauerte jetzt meine Entscheidung, wegen ein paar Dollar auf eine solche Lizenz verzichtet zu haben, der Hirsch wäre nämlich eine leichte Beute gewesen. Leicht frustriert beobachtete ich, wie er plötzlich, aber nur für einen Augenblick, stehen blieb, als er mich sah. Er war wohl erstaunt über meine Anwesenheit und es dauerte vielleicht zwei Sekunden, bis er mich erkannt und als Gefahr für sich aufgenommen hatte, dann aber preschte er davon und tauchte bald im Dickicht unter. Dieser Hirsch ist bis heute der stärkste, den ich bei meinen Jagden auf diese Wildart zu Gesicht bekommen habe, und ich erinnere mich heute noch gut, an das kapitale Geweih, das er trug.

Später kam ich in ein Gebiet, in dem die jungen Fichten, die dort wuchsen, arg von Wapitis zugerichtet waren. Überall fand ich frische Losung und starke Fährten zeichneten sich im feuchten Boden ab. Ich war mir nun sicher, schon bald auf einen starken Wapitibullen zu stoßen, aber der Wunsch erfüllte sich nicht. Obwohl ich das ganze Gebiet während der folgenden Stunden durchstreifte, sah ich nichts Jagdbares.

Am späten Nachmittag trat ich, resigniert, den Rückzug zu dem vereinbarten Treffpunkt an, da hörte ich plötzlich Äste vor mir knakken und brechen. Ich konnte erst gar nicht erkennen, was da durch den Busch flüchtete, doch als ich an die betreffende Stelle kam, sah ich die frischen, tief eingedrückten Fährten von Wapitis. Anscheinend hatte ich ein kleines Rudel in ihrer Mittagsruhe überrascht!

Am nächsten Tag versuchten wir es in einem anderen Gebiet, und dabei hatten mein Begleiter und ich ein peinliches Erlebnis, das ich bislang noch nicht preisgegeben habe. Mein Begleiter entdeckte nämlich auf der anderen Seite eines breiten Canyons einen Wapiti, der aber recht weit entfernt war. Er stand in einem kleinen Espengebüsch, und alles, was wir von ihm sehen konnten, war nur ein Teil seines Körpers. Wir begannen eine langsame und sorgfältige Pirsch, die uns mehr als drei Stunden kostete. Zwar hatten wir nur Lizenzen für Wapitibullen, aber, was wir gesehen hatten, konnte tatsächlich ein Bulle sein, vielleicht waren auch noch weitere in der Nähe. Als wir näher herangekommen waren, nahm ich mein Fernglas zur Hand und sah angestrengt zu dem Wapiti hinüber. Er verharrte offenbar, immer noch am selben Platz, inmitten der Büsche, aber ich war mir nun gar nicht sicher, ob er stand oder sich niedergetan hatte. Ich kam zu dem Schluß, daß er gebettet war, da er sich die ganze Zeit über an derselben Stelle aufgehalten hatte. Wir pirschten noch näher heran und konnten nun den Wapiti aus einem besseren Winkel beobachten. Da war mir, als ob sich an dem Tier etwas bewegt hatte. Die Bewegung wiederholte sich, und nun erkannte ich, worum es sich handelte: Es war ein langer Schwanz, der rhythmisch hin- und herschwang. Wapitis aber haben bekanntlich keine langen Schwänze, und so wurde mir mit einemmal klar, was wir in einem langen, mühevollen Marsch von mehreren Stunden angepirscht hatten. Es war ein Pferd, und zwar ein Fuchs, der die gleiche Farbe wie ein Wapiti hatte.

Damals gaben mein Begleiter und ich uns das Versprechen, keinem von unseren Mitjägern zu verraten, daß wir fast einen halben Tag ein Pferd angepirscht hatten, das auch noch an einem Busch festgebunden war.

Zwei Tage später war ich an einem stürmischen und kühlen Tag unterwegs, als ich eine Schneeflocke auf meiner Wange spürte. Der einen folgten mehrere, und ohne Übergang befand ich mich plötzlich in einem Blizzard. Nach einer Stunde hörte das Schneetreiben wieder auf, und es lag eine geschlossene Schneedecke unter mir. Da sah ich mit einem Mal, vor mir im Unterholz, die sich bewegenden Läufe von zwei Wapitis. Sie rannten von mir weg, und als sie aus dem Unterholz heraus waren und den Hochwald durchquerten, hatte ich für einen kurzen Augenblick den Eindruck, daß es sich um Bullen handelte. Im Schnee konnte ich jetzt ihre Fährten mühelos aufnehmen. Ich folgte ihnen langsam und hoffte, sie bald irgendwo im Hochwald anzutreffen.

Die Fährten führten in einem Bogen durch den Hochwald, und nach etwa fünfzehn Minuten kam ich an den Rand des Waldes. Ich blickte, etwas überrascht in ein breites, offenes Tal, das zum größten Teil mit Salbeibüschen bewachsen war. Die Wapitis hatten, den Fährten zufolge, den Wald schon verlassen und waren quer durch das Tal gezogen. Da ich das erste Mal in dieser Gegend jagte, wußte ich nichts von der Existenz dieses Tales. Anstatt langsam dem bogenförmigen Verlauf der Fährten zu folgen, hätte ich sonst den direkten Weg zum Waldrand nehmen können, und wäre so wahrscheinlich zu Schuß gekommen.

Seit dieser ersten Jagd auf Wapiti habe ich so manche „Fehlpirsch“ auf diese Wildart getan, aber nie wieder habe ich ein Pferd angepirscht!

An diese Begebenheit wurde ich wieder erinnert, als ich später, einmal in der lokalen Zeitung einer kleinen Stadt, an der Westküste Britisch Kolumbiens, einen aktuellen Polizeireport las.

Da war die Rede von einem Manager einer großen Papiermühle, die sich an diesem Ort befindet, und der wegen eines schweren jagdlichen Vergehens vom örtlichen Gericht verurteilt worden war. Dieser Manager war mit einem Begleiter irgendwo im Südwesten der Provinz zur Wapitijagd gewesen. Tagelang hatten sie das Gebiet durchstreift, ohne auch nur die Spur eines Wapitis zu finden. Und mit jedem erfolglos verbrachten Tag wurde der Wunsch, endlich an ein Stück Wild zu kommen, größer. Dann war es eines Tages so weit! Nach einer weiteren anstrengenden Pirsch, hatte der Mann das erblickt, was er für einen Wapiti hielt: Ein großes braunes Tier, von dem nur die eine Hälfte zu sehen war, stand in den Büschen. Was konnte es, fernab jeder Zivilisation, anderes sein, als der ersehnte Wapitibulle? Das Tier brach im Schuß zusammen.

Wie groß muß die Überraschung des Managers gewesen sein, als er, anstelle eines Wapitis, ein mit einem Blattschuß erlegtes Pferd vorfand, neben dem, unversehrt ein Jäger stand, dem das Pferd buchstäblich, unter dem Gesäß weggeschossen worden war.

Bei der späteren Gerichtsverhandlung wurde der Manager, wie es in Kanada, im Fall von Wilderei, oder sonstigen schweren, jagdlichen Vergehen üblich ist, durch Einzug des Autos und Gewehres, die zur Jagd benutzt worden waren, bestraft, sowie zu einer empfindlichen Geldstrafe verurteilt.

Das Camp stand unten am Fluß, der aus den Bergen kam, und es war ein komfortables Camp, in dem es an nichts fehlte. Der Outfitter hatte an alles gedacht, selbst eine Sauna fehlte nicht. Die Jagdgäste, so schien es, die auf Puma oder Weißwedelhirsch dort jagten, wußten solchen Komfort zu schätzen und man empfahl Camp und Outfitter weiter. Die Zahl der Jäger stieg, und so wurde für die Dauer der Jagdsaison, eine Köchin eingestellt, die für das leibliche Wohl der Gäste zu sorgen hatte. Es wurde gut und reichlich gekocht. Vor allem das Frühstück entsprach in Menge und Vielfalt den kanadischen Eßgewohnheiten. Da gab es neben den obligatorischen Spiegeleiern, kroß gebratenen Speck, Bratkartoffeln und Steaks, Pfannkuchen, Muffins und andere Leckerbissen.

In einem Herbst, es ist schon viele Jahre her, war ich mit einem älteren Jagdfreund in diesem besagten Camp, um auf Puma zu jagen. Wir waren am Tag zuvor angekommen, und als wir uns am frühen Morgen, zum gemeinsamen Frühstück einfanden, saßen bereits sechs weitere Jäger am Tisch. Kaum hatten wir Platz genommen, da kam die Köchin auch schon mit einer großen Pfanne, in der heiße Spiegeleier und Speck brutzelten, aus der Küche, und stellte sie mit Schwung auf den Tisch. Wie es der Zufall wollte, rutschte die Pfanne, mit dem guten Dutzend Eiern, und ebenso vielen Speckscheiben, genau vor den Platz wo mein Jagdfreund saß. Der, ein Mann von damals gut zwei Zentnern, in der Annahme, daß dies, die ihm zugedachte Portion sei, griff zu, und es dauerte nicht lange, da war die Pfanne leer. Wir anderen, einschließlich der Köchin, nahmen es mit Humor, zumal jeder von uns noch zu seiner Portion kam.

Ich glaube, das Dutzend Eier und der Speck haben meinem Freund nicht geschadet, es war noch vor der Zeit, da man sich Sorgen um seinen Cholesterinspiegel machte.

Eine verpaßte Gelegenheit

Ich hatte in einem Spätherbst im Staate Washington gejagt und war schon einige Tage erfolglos hinter „Muledeer“ her. Leider war ich nicht der einzige Jäger in dem Gebiet; es gab noch andere, deren Camps, ich auf meinen Streifzügen durch die ausgedehnten Wälder gesehen hatte, und es schien, als ob dadurch alles Wild vergrämt sei. Da es schon gegen Ende der Saison war, hatte ich auch nicht mehr viel Hoffnung, noch zu Schuß zu kommen. Ich trug mich deshalb mit dem Gedanken, mein Camp, das aus nichts anderem, als einem kleinen Einmalzelt bestand, abzubrechen.

Aber dann stieß ich eines Morgens unvermutet auf einen Hirsch. Er war nicht gerade das, was ich mir gewünscht hatte, nur ein schwacher „Twopoint“, aber es war immerhin ein Hirsch und wohl, wie gesagt, die letzte Chance, zu Schuß zu kommen. Ich kletterte einen Hang hoch, um in eine günstige Schußposition zu kommen, und mit etwas Glück, konnte ich mich dem Hirsch noch etwas nähern. Als ich oben war, setzte ich mich auf den Boden, um mit den Ellenbogen auf den Knien aufgestützt, ruhiger zielen zu können, denn ich war durch das Hochsteigen außer Puste geraten. Ich zielte auf das Blatt des Hirsches, hielt kurz den Atem an, zog den Abzug und spürte den harten Rückschlag des Gewehres, das ich von einem Freund geliehen hatte.

Der Hirsch sprang auf den Schuß hoch, machte einen krummen Rücken, und verschwand im Unterholz. Ich hatte das Gefühl, schlecht abgekommen zu sein, denn als ich abgedrückt hatte, stand das Fadenkreuz des Zielfernrohres etwas hinter dem Blatt des Hirsches. „Diesen Schuß hast du verwackelt“, dachte ich, und mein erster Eindruck war der eines Waidwundschusses.

Als ich am Anschuß war, fand ich meine Befürchtung bestätigt. Da lagen einige Tropfen Schweiß und etwas Panseninhalt. Der Boden war trocken und steinig, und ich wußte, daß mir eine schwierige Nachsuche bevorstand. Etwa sechs Stunden Tageslicht blieben mir noch, um den Hirsch zu finden. War es überhaupt möglich, einen waidwundgeschossenen Hirsch, ohne Hund nachzusuchen, und zu finden? Ich mußte jedenfalls mein Bestes tun und nichts unversucht lassen. Also machte ich mich, voller Zweifel und Selbstvorwürfe, auf die Suche nach dem Hirsch. Hätte ich doch nur den Finger geradegelassen! Aber dafür war es nun zu spät. Ich versuchte mich damit zu trösten, daß ich mir sagte, nicht jeder Schuß könne perfekt sitzen, aber das half mir auch nicht viel, jedenfalls nicht bei der Suche nach dem kranken Hirsch.

Ich machte mich daran die Fährte auszugehen. Immer wieder fand ich in Abständen einen Tropfen Schweiß oder etwas Panseninhalt, und es gelang mir trotz aller Zweifel, die Fährte etwa einen Kilometer zu halten. Aber dann verlor sie sich, denn es gab keinerlei Anhaltspunkte mehr, aus denen ich sie hätte rekonstruieren können. Ich war, sozusagen, „mit meinem Latein am Ende". Nach dem letzten Tropfen Schweiß, ging ich auf´s Geradewohl los, in der vagen Hoffnung, irgendwo den verendeten Hirsch doch noch zu finden, oder, ihm im Wundbett, den Fangschuß zu geben. Aber die Hoffnung erfüllte sich nicht.

Inzwischen war es später Nachmittag geworden; in einer halben Stunde würde es dunkel sein. Niedergeschlagen brach ich die Nachsuche ab, und der Ärger über den schlechten Schuß nagte an mir. Als ich die Richtung auf mein abgestelltes Fahrzeug einschlagen wollte, vernahm ich plötzlich, das leise Knacken eines Astes, dem andere Geräusche folgten. Es hörte sich an, als ob sich ein Mensch, oder ein größeres Tier, durch den Busch bewegte.

Ich war sofort hellwach und darauf gespannt, wer oder was diese Geräusche verursacht hatte. Vielleicht war es der angeschossene Hirsch! Ich ging rasch ein paar Schritte den Hang hoch, um einen besseren Überblick zu haben. Da trat auch tatsächlich ein Hirsch aus dem Dickicht in das Altholz, und zwar ein Hirsch, der mir fast den Atem nahm. Es war ein „Fivepoint", hatte also auf jeder Seite fünf Enden. Die Hauptstangen waren dick und weit ausgelegt, die Enden lang mit weißen Spitzen versehen. Dieser Hirsch trug ein wahrlich kapitales Geweih, eine Trophäe, wie ich sie kaum zuvor an einem Maultierhirsch gesehen hatte, und es lagen keine fünfzig Schritte zwischen ihm und mir, zudem stand er auch noch breit, also in günstiger Schußposition. Alles paßte für einen perfekten Schuß.

Ich hob mein Gewehr und visierte den Hirsch an. Aber irgend etwas hielt mich davon ab, den Abzug zu ziehen. Ich glaube, es war der Gedanke an den kurze Zeit zuvor angeschossenen Hirsch. Ich hatte zwar mein Möglichstes getan, um ihn zu finden, und wäre nach dem Gesetz auch berechtigt gewesen, den vor mir stehenden Hirsch zu schießen, aber da war irgendwie eine innere Sperre, die meinen Zeigefinger unbeweglich machte. Frustriert und voller Bedauern, mußte ich schließlich zusehen, wie der Hirsch nach einem kurzen Verweilen, wieder in den Büschen verschwand.

Es war beinahe dunkel, als ich bei meinem Fahrzeug ankam, und als ich die schmale Straße hinunterfuhr, kam ich an einem Jagdcamp vorüber. Zwei Jäger waren gerade dabei, einen erlegten Hirsch, in einen Baum zu hängen. Ich hielt an, um zu helfen, und im Licht der Taschenlampe, sah ich, daß es der Hirsch sein mußte, den ich zuvor beschossen hatte.

„Wir haben den Hirsch nicht geschossen", sagte der eine der Jäger, „wir haben ihn verendet aufgefunden, waidwundgeschossen, er war noch warm, als wir ihn fanden, und so haben wir ihn mitgenommen".

Die weitere Unterhaltung ergab, daß die beiden Jäger etwa einen halben Kilometer von der Stelle, an der ich die Nachsuche abgebrochen hatte, durch Zufall auf den Hirsch gestoßen waren. Er hatte, nicht mehr als fünfzig Meter von der Straße entfernt, verendet dagelegen.

Ich trank noch einen Becher Kaffee mit den Jägern, dann machte ich mich auf den Weg in mein Motel. Ein kalter Wind war aufgekommen, und Schneeflocken tanzten im Scheinwerferlicht meines Wagens.

Eine Nacht unter Wölfen

Über das Erlebnis eines Freundes, mit dem ich in Kanada gejagt habe, möchte ich gerne berichten. Auch wenn sich jagdlich nicht viel ereignet hat, scheint mir die Begebenheit doch erzählenswert. Ich habe sie von ihm selbst erfahren, als wir uns einige Tage nach dem Ereignis im Camp wiedertrafen, und ich will sie so wiedergeben, wie er sie mir erzählt hat. Mein Freund wurde damals von einem indianischen „Guide" geführt, der Gordon hieß. Der war ohne Zweifel ein guter „Guide", aber er hatte eine Schwäche fürs Alkoholische, sprich Whisky, und diese Vorliebe für Whisky, spielt in dieser Geschichte, eine besondere Rolle. Eines Morgens wollten wir gemeinsam vom Hauptcamp aus losreiten, um von einem Außencamp auf Schneeziegen zu jagen, und jeder von uns hatte seinen „Guide" und auch seine Ehefrau bei sich. Bevor wir unsere Pferde bestiegen, ging mein Freund nochmals in das Blockhaus zurück, wo wir unsere Schlafstelle hatten, um etwas zu holen, das er vergessen zu haben schien. Wir anderen waren inzwischen aufgesessen und warteten auf ihn, der nach einigen Minuten eilig wiederkam, und eine Flasche „Feuerwasser" unter den Arm geklemmt hatte. Rasch verstaute er die Flasche in seinem Rucksack, und dann ritten wir los. Eine kurze Strecke blieben wir zusammen. Unsere Wege trennten sich, als wir an den Schnittpunkt zweier Täler kamen. Als ich nach einigen Tagen wieder zurück in das Basiscamp kam, war mein Freund schon vor mir da, und er erzählte mir, was er erlebt hatte.

Viele Stunden waren sie in das Tal hineingeritten, bis sie den Fuß der Berge erreicht hatten, wo sie Schneeziegen jagen wollten. Da war ein Camp mit zwei kleinen Zelten, das eine für ihn und seine Frau, das andere für Gordon, den „Indianer-Guide". Von dem langen, ungewohnten Ritt ermüdet, waren sie bald in ihre Schlafsäcke gekrochen. Am nächsten Tag stand ja eine anstrengende Jagd in den Bergen bevor, für die sie ausgeruht sein mußten. Das Zelt meines Freundes war klein, und hatte kaum mehr Platz als für zwei nebeneinander gelegte Schlafsäcke. So mußte das übrige Gepäck, damit auch der Rucksack mit der Whiskyflasche, draußen vor dem Zelt bleiben. Die Nacht habe er schlecht geschlafen, berichtete der Freund, denn da gab es ein Rudel Wölfe unten am nahen Fluß, welches die Nacht über geheult hätte. Morgens sei er durch Geräusche vor dem Zelt wachgeworden, und als er aus seinem Schlafsack gekrochen sei, habe er gesehen, wie Gordon sein Pferd sattelte. Völlig betrunken sei der Indianer gewesen. Der Griff in den Rucksack habe seinen Verdacht bestätigt: die Flasche Whisky fehlte! Später habe er sie, bis auf den letzten Tropfen geleert, hinter dem Zelt gefunden. Rasch sei er in seine Kleider geschlüpft und habe, soweit dies sein dürftiges Englisch zuließ, Gordon zur Rede gestellt. Er habe aber keine klare Antwort erhalten, zu betrunken sei der Indianer gewesen; er habe nur gelallt und immer wieder auf sein Pferd, das sich ganz wild gebärdete, eingeschlagen. Schließlich habe er mitbekommen, was Gordon in seiner unartikulierten Sprache ausdrücken wollte, wobei er auf seine Brust und auf das Pferd gedeutet habe: Er sei von dem Pferd gegen die Brust getreten worden, sei nun krank, und müsse rasch zurück in das Hauptcamp. Da habe kein gutes Zureden genützt: Gordon hätte das Pferd am Strick hinter sich hergezogen, sei schließlich nur mit Mühe in den Sattel gekommen, und, sein Gepäck zurücklassend, fortgeritten.

Da saßen sie nun, mein Freund und seine Frau, auf ihrer ersten Jagdreise in Kanada, mitten in der Wildnis, sich selbst und ihrem Schicksal überlassen. Was sollten sie tun, und wie würde es weitergehen? In das Hauptcamp zurückzureiten, war unmöglich. Er hatte sich den Weg nicht eingeprägt, und sie wären wohl beide „verloren gegangen“. Schließlich habe er sich mit seinem Schicksal abgefunden, und sie hätten den Tag mit Warten verbracht. Es wäre ein langer Tag, und eine noch längere Nacht gewesen, denn das unheimliche Heulen der Wölfe, hätte immer näher geklungen. Da hätte auch das geladene Gewehr, das er neben sich im Zelt liegen hatte, nicht viel innere Sicherheit gegeben, denn was weiß schon ein deutscher Jäger von der Gefährlichkeit von Wölfen, wenn er das erste Mal allein in der Wildnis Kanadas ist?

Der nächste Tag war angebrochen, und noch bedrohlicher klang das Heulen der Wölfe, die das Tageslicht nicht zu scheuen schienen, und sich offenbar dicht um das Camp herum aufhielten.

Am späten Nachmittag kam endlich der rettende Engel in Gestalt eines anderen „Guides“, den man eilends losgeschickt hatte, als der Indianer, immer noch betrunken, im Hauptcamp erschienen war. Nach einer weiteren kalten, im Zelt verbrachten Nacht, konnten sie dann am nächsten Morgen, den Rückweg in die „Zivilisation“ antreten.

Der Hirsch vom Glaciervalley

Ich war, 900 Kilometer von Vancouver weg, an den Tatla Lake gefahren, um in der nahegelegenen Pantheon-Range auf Muledeer zu jagen. Die Fahrt, auf streckenweise schlechten Straßen, hatte mich zwei Tage gekostet. Viel Aufwand könnte man sagen, nur wegen eines Maultierhirsches, der in der Regel, nicht einmal eine besondere Trophäe hergibt; aber wer auf diese Wildart jagt, für den steht die Trophäe nicht an erster Stelle.

Es ist die Jagd als solche, die einen so manche Beschwerlichkeit auf sich nehmen läßt, sofern man im „high country", also in den Bergen, jagt. Dann ist sie nämlich anspruchsvoll, spannend und wird den „ganzen Jäger" fordern. Im Herbst steht das Wild noch weit oben in der hochalpinen Region, und erst wenn der Winter sich ankündigt, und reichlich Schnee fällt, zieht es nach unten in die Täler, wo es seine Wintereinstände hat. Eine solche Jagd oben in den Bergen strebte ich an, in einem Gebiet, wo kein „roadhunter", kein Autojäger mit seinem Geländewagen hinkommt, und wo man nur in einem mehrstündigen Fußmarsch, oder auf dem Rücken eines Pferdes, das Jagdgebiet erreichen kann.

Muledeer kann man auf verschiedene Art bejagen. Da ist einmal die Möglichkeit, sich in irgendeiner Scheune, die zu einer Ranch gehört, und die in der Nähe eines Luzernefeldes steht, anzusetzen, und zu warten, bis das Wild in der Dämmerung zu Felde zieht, um zu äsen. Das ist eine Jagd nach dem Motto: Muledeer garantiert. Oder man macht es so: Mit dem Geländewagen, die aussichtsreichsten Plätze aufsuchen, und auf jeden Hirsch, den man sieht, ob jung oder alt, noch in Bast oder bereits verfegt, feuern. Und schließlich gibt es noch die dritte Möglichkeit: Im Herbst im „high country" zu jagen, zu Fuß, oder zu Pferde, und dabei wird kein Hirsch garantiert!

Als ich von Williams Lake, wo ich im „Stampede Motel" übernachtet hatte, nach Westen in Richtung Tatla Lake abbog, begann es zu schneien, und als ich an meinem Bestimmungsort ankam, waren die Berge der Coast Range schneebedeckt. Schlechte Aussichten für die Jagd im Hochgebirge! Aber nach zwei Tagen schlug das Wetter um, der „Indian Summer" zeigte sich von seiner schönsten Seite, und es dauerte nicht lange, dann waren die meisten Berge wieder schneefrei, und wir konnten unseren Aufbruch planen.

Es war früher Nachmittag, als wir an der kleinen Hütte, oben im Glaciervalley ankamen. Sieben Stunden waren wir von unserem provisorischen Camp an der Firebreak, wo wir unsere Zelte aufgeschlagen und übernachtet hatten, hochgeritten. Die Hütte stand an der östlichen Flanke, der zum Fluß Klinakline abfallenden Talseite. Sie war aus Sperrholz gebaut, einfach, aber zweckmäßig eingerichtet, bot einen alten Ofen, und in der einen Ecke zwei übereinanderstehende Betten, auf denen von Mäusen angenagte Schaumgummimatratzen lagen. In der anderen Ecke stand ein Tisch, dahinter eine schmale Bank. Das war schon die ganze Einrichtung. Ein Biologe hatte die Hütte in den Vierzigerjahren gebaut, um hier oben Beobachtungen an Schneeziegen zu machen. Das hatte mir R. erzählt, die mit uns beiden, Z. der mich führte, und mir, hier hochgekommen, und die für die Pferde zuständig war. Sie stammte aus der Gegend, war früher mit einem Trapper verheiratet gewesen, und verstand viel von Pferden und Wild. Der Biologe war längst gestorben, die Hütte aber stand noch, und diente den wenigen Jägern, die den beschwerlichen Aufstieg auf sich nahmen, als Unterschlupf. Schneeziegen gab es hier schon lange nicht mehr, aber es war gutes „deer country".

Das Tal zog sich noch ein ganzes Stück nach oben, bis hin zu einem Gletscher, der dem Tal auch den Namen gegeben hatte. Die Hütte stand dicht an der Baumgrenze. Weiter oben gab es nur noch einzelne Gruppen von Krüppelkiefern und Weidengestrüpp. Unterhalb des Gletschers hatten sich Moränen angesammelt, zwischen denen sich der aus einem türkisfarbenen kleinen See entspringende „Klinakline", den die Indianer „Fluß der Wiederkehr" nennen, weil er sich, nach einem großen Bogen zwar talwärts schlängelt, sich dabei aber seinem Ursprung wieder annähert. Auf den Moränen wuchsen jetzt um diese Jahreszeit intensiv rot und gelb verfärbte Weiden. Der blaue Himmel, das glitzernde Weiß des Gletschers, das türkisfarbene Wasser des Sees, und das Rot und Gelb der herbstlich verfärbten Blätter, boten fast das Bild einer Postkartenlandschaft. Ich war froh, hier oben zu sein! In den zwei Tagen, die notwendig waren, um die Jagd im Glaciervalley vorzubereiten, hatten wir unten am See gejagt, und zwar erfolglos, denn die „deer“ standen eben noch oben. Nicht einen Bock, nicht einmal ein weibliches Stück, hatten wir unten erblickt. Dann endlich war es soweit gewesen, nach oben zu gehen; der Schnee war dort getaut, und es bestand kaum noch Gefahr für die unbeschlagenen Pferde, selbst auf den steilen Hängen nicht. R. brachte die Pferde in einem achtstündigen Ritt, vom Smokey Lake, wo Z. sein festes Camp hatte, zur „Firebreak“, von wo aus wir starteten. Es war recht schwer gewesen, zur Hütte hochzukommen. Da war zwar der Trail, aber Windbrüche hatten ihn an einigen Stellen beinahe unpassierbar gemacht. Vor allem für die Pferde war es hart gewesen, all die Hindernisse zu überwinden, und oft mußten wir absteigen, um den Pferden die Arbeit zu erleichtern. R. hatte von uns dreien die schwierigste Aufgabe. Sie führte die beiden Packpferde, die manchmal mit ihren beidseits festgezurrten schweren Kisten, in den engen Stellen des Trails, zwischen zwei Bäumen hängenblieben, und sich, sogar verkeilten. Für mich war das Reiten im unwegsamen Gelände ungewohnt; vor allem, wenn es steil bergauf oder bergab ging, hatte ich Schwierigkeiten, mein Gewicht richtig zu verlagern, um im Sattel zu bleiben. Deshalb stieg ich an den steilsten Stellen ab, und hielt mich, R´s Rat folgend, am Schwanz meines Pferdes fest, und ließ mich von ihm hochziehen. Das kostete dem Pferd weniger Kraft, als wenn ich schwerfällig im Sattel gesessen hätte. Es war wohl kein sehr ästhetischer Anblick, wie ich da am Schwanz des Pferdes hing, für mich und das Pferd war es jedoch eine Erleichterung. Zudem bot es, eine willkommene Unterbrechung, des beschwerlichen und eintönigen Reitens. Ich war froh, als wir endlich aus dem Wald heraus waren: Das Schlimmste hatten wir damit ja wohl hinter uns. Und als dann gar bald das offene Gelände oberhalb der Baumgrenze vor uns lag, waren es nur noch zwei Stunden bis zur Hütte.

Als wir ankamen, sattelten wir die Pferde ab, trugen Sattelzeug und Packkisten in die Hütte, und ließen die Tiere frei laufen; denn es gab genug gutes Gras um die Hütte, und sie würden sich so auch nicht allzu weit entfernen. Heute brauchten wir sie ja nicht mehr, und morgen würde R. sie wieder einfangen. Sie hatte inzwischen ein Feuer im Ofen entfacht; das trockene Kiefernholz, das hinter der Hütte aufgeschichtet war, knisterte laut, und verbreitete in dem kleinen Raum einen angenehmen Geruch nach Holz und Harz. Bald dampfte auch das Kaffeewasser im schwarzberußten Kessel.

Nach kurzer Rast zogen wir schon mal los. Es war zwar inzwischen später Nachmittag geworden, aber für einen ersten Pirschgang, um die nähere Umgebung kennenzulernen, sollte das verbleibende Tageslicht noch ausreichen.

Ein schmaler Trail zog sich von der Hütte in Richtung Gletscher, kletterte erst den Hang hoch, bis man aus dem Wald heraus war, führte dann quer durch einen schmalen Streifen von Krüppelkiefern, der sich an den Wald anschloß, um dann in einem großen Geröllfeld, das die ganze Breite der rechten Talseite einnahm, zu enden. Von da war es nicht mehr weit zu den Ausläufern des Gletschers, dessen Schmelzwasser sich in dem kleinen, türkisfarbenen See sammelte. Von oben sah der „Klinakline" wie ein geschlängeltes, silbernes Band aus, welches das Tal in zwei gleiche Hälften zu teilen schien. Drüben, auf der anderen Seite des Tales, zeigten sich die Hänge braun, nur dort, wo noch frisches Gras wuchs, war das Braun mit kleinen, grünen Flecken durchsetzt. Dorthin richteten wir unsere Gläser, nachdem wir Rucksack und Gewehr abgelegt hatten, und hinter einem Felsblock in Deckung gegangen waren. Jetzt, am späteren Nachmittag, konnte man damit rechnen, daß Wild zur Äsung austreten würde. Und so war es auch: Wir brauchten nicht lange zu warten, da zeigten sich schon bald drüben auf den grünen Flecken einige winzige, graue Punkte, die sich wie im Zeitlupentempo bewegten. Kein Zweifel: das waren „deer". Um aber Einzelheiten erkennen zu können, war die Entfernung zu groß. Selbst mit unseren leistungsstarken Gläsern war es unmöglich, zu unterscheiden, ob es sich um männliche, oder weibliche Tiere handelte. Aber es war gut, zu wissen, daß überhaupt Wild da war. Ich hatte ein recht sicheres Gefühl für den kommenden Tag.

Am nächsten Morgen brachen wir früh auf. Die Nacht war sternenklar und kalt gewesen. Klirrend brach das Eis unter unseren Schuhsohlen, als wir die sumpfige Wiese hinter der Hütte durchquerten. Der Trail, den Z. gewählt hatte, zog sich auf halber Höhe an der Bergflanke entlang, und stieg nur allmählich an. Wir trugen dennoch schwer an unseren Rucksäcken und Gewehren. Nach einer Stunde hatten wir die Rinne erreicht, die zum Kamm hochführte. Sie war steil und von Schmelzwasser ausgespült. Als wir den Aufstieg in der Rinne begannen, verlangsamten wir unser Tempo, um nicht zu sehr ins Schwitzen zu geraten, denn oben am Kamm, würde sicher ein unangenehmer, kalter Wind blasen. In dem Tal, jenseits des Kammes, sollte gutes Deerjagen sein, erfuhr ich von Z., denn dort würden sich die „deer" der Umgebung sammeln, bevor sie in ihre Wintereinstände in den tieferen Lagen zögen. Diesen Hinweis hatte ihm ein Indianer gegeben, der gelegentlich für ihn als „guide" arbeitete, und auch uns für den Jagdausflug begleiten sollte, es aber vorgezogen hatte, „pinemushrooms", jene Pilze, die Japaner so schätzen, zu suchen. Wahrscheinlich ließ sich damit mehr Geld verdienen.

Nach einiger Zeit hatten wir den Kamm erreicht: Vor uns lag das Tal, ein Hochtal, das wie geschaffen für „deer" schien; denn der Talgrund, und auch die Seitenhänge, waren grasbewachsen. Es gab Gräben und Hügel mit kleinen Baumgruppen, die dem Wild, und natürlich auch den Jägern, Deckung versprachen, dazwischen zog sich rot und gelb verfärbtes, mannshohes Weidengestrüpp hin. Unten stand dunkel der Wald, der sich mit schmalen Ausläufern, in das Tal hineinzog. Am Horizont erhob sich der schnee- und eisbedeckte „Perkins Peak" und dahinter, wolkenverhangen, die Spitze des „Mt. Waddingtons", den mit seinen 4500 Metern höchsten Berg, der „Coast Range".

Von unserem Standort aus konnten wir das gesamte Tal gut überblicken. Sollte Wild irgendwo über den Kamm in das Tal einwechseln, oder unten aus dem Wald hochziehen, konnte uns dies nicht entgehen. Wir saßen vielleicht zwei Stunden, oder auch drei, als mich Z. auf ein Stück Wild aufmerksam machte. Ein junger Hirsch war äsend in einer kleinen Baumgruppe aufgetaucht. Er ließ uns gerade genug Zeit, ihn als einen „Two point", einen Gabler, anzusprechen, bevor er wieder ganz plötzlich verschwunden war. Vielleicht hatte er sich niedergetan.

Die kleine Baumgruppe konnte er nicht verlassen haben, denn das hätte uns nicht entgehen können. Lange Zeit tat sich sonst nichts. Der Hirsch blieb verschwunden, und auch im übrigen Tal, war keine Bewegung zu erkennen. Es schien, als ob dies für den heutigen Tag die einzige Begegnung mit einem Hirsch bleiben würde, und der war nicht einmal schußbar gewesen. Ob Pirschen wohl sinnvoll wäre, oder ob ein Platzwechsel etwas bringen würde? Wir waren unentschlossen, und es fiel uns schwer, eine Entscheidung zu treffen.

Ich hatte wieder einmal, wie schon so oft an diesem Vormittag, mein Glas zur Hand genommen, und sah hinunter zur Talsohle, leuchtete Hänge und Gräben ab, um schließlich noch einen letzen Blick auf die Baumgruppe zu werfen, wo wir den Hirsch gesehen hatten. Und da erschien plötzlich hinter den Büschen ein grauer Wildkörper mit breitem Rücken und mächtigem Haupt, das ein imposantes Geweih trug. Das konnte aber nicht der zuerst gesehene Hirsch sein, dieser hier war ja viel stärker! Ich stieß Z. an, und deutete hinunter zu dem Hirsch, der jetzt langsam spitz von uns wegzog. „Es ist ein anderer, wirklich starker", flüsterte Z., kaum hörbar, „schießen Sie rasch!", immer noch durch sein Glas schauend. Es waren mehr als 250 Meter bis dorthin, wo der Hirsch sich jetzt befand, und er war zudem in einer ungünstigen Position, die einen sicheren Schuß gar nicht zuließ. Ich wußte, daß wir an ihn herankommen konnten, wenn wir nur geduldig waren. Ein unsicherer Schuß aber konnte alles verderben. Wir waren uns sehr schnell einig: rasch sammelten wir unsere Sachen, die verstreut um uns lagen, ein, verstauten Kleidung und Thermosflasche in unseren Rucksäcken, und brachen auf. Der Hirsch, der sich auf dem Weg nach oben befand, wo das Tal immer enger wurde, war jetzt außer Sicht. Wenn er die Richtung beibehielt, und nicht abbog, um talabwärts zu ziehen, wo dichter Wald war, konnte er uns gar nicht entkommen.

Wir zogen los, und blieben dabei auf der Höhe, auf der wir uns befanden. Ein schmaler Streifen kleinwüchsiger Kiefern zog sich am Hang entlang, den wir mit Sorgfalt als Deckung nutzten. Der Wind zog jetzt, um die Mittagszeit, nach oben, und wir mußten nicht befürchten, daß der Hirsch uns bemerkte, bevor wir nahe genug an ihn herangekommen waren. Ihn zu überholen, und auf uns zukommen zu lassen, das war Z.´s Plan. Dies setzte jedoch voraus, daß der Hirsch, Richtung und Geschwindigkeit beibehielt, und daß auch der Wind so blieb, wie er jetzt war, und nicht umschlug, und alles zunichte machte.

Wir prägten uns den Standort des Hirsches ein, was nicht schwerfiel, denn da lag ein kleiner Hügel, der sich durch seine Kegelform deutlich von den übrigen Hügeln unterschied. Nach einigen hundert Metern, waren wir auf der Höhe dieses Hügels und schlichen dabei etwas talwärts, bis wir ihn erreichten. Nun war größte Vorsicht geboten! Der Wind war zwar immer noch günstig, denn er stand uns ins Gesicht, aber von nun an mußten wir damit rechnen, jederzeit urplötzlich auf den Hirsch zu stoßen. Ich hatte mit Z. inzwischen die Reihenfolge gewechselt, ging nun voran, um so in der günstigeren Position zu sein, falls ein schneller Schuß notwendig sein würde. Sehr langsam stiegen wir dann den Hügel hoch. Ich hatte mein Gewehr schon von der Schulter genommen, und ging gebückt auf den Kamm zu. Als ich soweit oben war, daß ich gerade über die Kuppe hinwegsehen konnte, sah ich mich, nicht mehr als zehn Meter entfernt, einem jungen Hirsch gegenüber, der mich offensichtlich irgendwie bereits erwartet hatte. Sein beidseits zweiendiges Geweih war noch in Bast. Es war der Hirsch, den wir als ersten gesehen hatten. Er drehte sofort auf der Hinterhand um, rannte nach unten, wo in der Mitte, einer von Büschen umsäumten, grasbewachsenen kleinen Senke, ein weiterer Hirsch stand. Dies aber war jetzt der alte, starke, den wir eine knappe halbe Stunde zuvor, von oben gesehen hatten, denn auf den ersten Blick, hatte ich seine massige Figur, und sein voll verfegtes starkes Geweih erfaßt, und wußte, daß er es war. Rasch hob ich meine Waffe an die Schulter, hielt den Atem an, und zog den Abzug. Der Knall des Schusses und der Sturz des Hirsches waren eins, ein kurzes Schlegeln noch, dann war´s für ihn vorbei: es war bloß eine Sache von Sekunden!

Was doch ein guter Schuß, der eine erfolgreiche Jagd abschließt, für ein angenehmes Gefühl vermitteln kann: Das Ziel ist erreicht, die vorausgegangenen Anstrengungen sind vergessen, alle Zweifel sind verflogen, und die Anspannung weicht einem Gefühl der Erleichterung, fast des Wohlbefindens. Gerade dann, wenn der Jagderfolg nicht garantiert ist, und man trotzdem Glück hat, freut man sich am meisten, denn Jagen in abgelegenen Gebieten Kanadas, ist nicht mit der Jagd auf Steppenwild in Afrika zu vergleichen. Dort ist die Wilddichte groß, man sieht täglich ohne viel Mühe Wild, und kann sich manchen Fehlschuß leisten, denn es gibt immer wieder neue Chancen. „Deerjagd" im „high country" Kanadas ist etwas ganz anderes: Man jagt oft tagelang, ohne auf ein Stück Wild zu stoßen, und die Jagd ist körperlich viel anstrengender. Nur sehr selten wird man während einer einwöchigen Jagd mehr als ein oder zwei jagdbare Hirsche aufspüren, sie vielleicht nur auf große Entfernung erkennen, ohne die Möglichkeit zu haben, im dort viel schwierigeren Gelände, auf Schußentfernung heranzukommen. Um so größer ist die Freude, wenn man Erfolg hat! Dabei spielt die Stärke der Trophäe nur eine untergeordnete Rolle, entscheidend ist allein das Jagderlebnis.

Ich teilte aber bereitwillig die Freude mit Z. , der ja sein Bestes gegeben hatte, mir zu dieser erlebnis- und erfolgreichen Jagd zu verhelfen. Wir versorgten den Hirsch, und traten den Rückweg zur Hütte an. Die Pferde mußten gesattelt, und der Hirsch mußte geborgen werden. Am nächsten Morgen verließen wir das Glaciervalley, das mir mit seiner unverdorbenen Landschaft, und der Farbenpracht des Herbstes, heute noch klar und lebendig vor Augen steht.

Die ersten zwei Tage hatten wir alles andere als „Petri Heil". Es war, als ob der gesamte Columbia River, leergefischt sei. Nicht einmal einer von den kleinen Schwänzen, die man sonst zu Dutzenden fing, wollte an die Angel gehen. Es war sehr entmutigend. Dazu kam noch das schlechte Wetter, die meiste Zeit regnete es. Obwohl Bill eine Menge Sprit verfuhr, da er ständig den Standort des Bootes wechselte, immer auf der Suche nach einem besseren Platz, hatten wir zunächst kein Glück. Und dann am späten Nachmittag des dritten Tages, als keiner von uns es mehr erwartet hatte, kam der Biß.

Ich hatte den Köder in 30 Meter Tiefe auf Grund liegen, als die Rutenspitze sich plötzlich bog, und Schnur von der Rolle lief. Als ich anschlug, wußte ich sofort, daß dies kein kleiner Fisch war. In der folgenden Stunde zog er nur Schnur ab, und ich konnte nicht einen Meter davon zurückgewinnen. Bill hatte alle Hände voll zu tun, das Boot zu manövrieren, und hinter dem Fisch, der einmal flußaufwärts, dann wieder den Fluß hinunter zog, herzufahren.

Der Fisch mußte unter Spannung gehalten werden, aber nicht unter zu starker Spannung.

Schließlich hatte ich nur eine 60 lb Schnur auf der Rolle, dazu einen einfachen Haken, ohne Widerhaken, wie es das Gesetz dort beim Störangeln verlangt. Daran muß man sich halten, denn mit den Leuten vom Fish und Game Department in dieser Gegend, ist nicht zu spaßen. Nach einer halben Stunde sprang der Fisch das erstemal. Er war riesig, und wenn ich sage, daß ich erschrak, als ich dieses Monster aus dem Wasser emporsteigen sah, so ist das nicht gelogen. Das zweitemal sprang der Fisch so nahe am Boot, daß man deutlich sehen konnte, wie die Wassertropfen wegsprühten, als er sein mächtiges Haupt schüttelte, um den lästigen Haken loszuwerden. Sogar den ellenlangen Köderfisch, der zur Hälfte aus seinem Maul hing, konnte man erkennen.

Nach einer weiteren Stunde, gelang es mir endlich, ein paar Meter Schnur, auf die Rolle zu bekommen. Von da an ließ die Kraft des Fisches zusehend nach. Es war schon fast dunkel, als wir ihn schließlich am Ufer hatten. Volle zwei Stunden hatte es gedauert, den Willen des Fisches zu brechen. Na, immerhin war er beinahe 3 Meter lang, und brachte 400 Pfund auf die Waage.

Auf den Queen Charlotte Inseln

Es muß schon eine seltene, begehrenswerte Wildart in einem ganz besonderen Jagdgebiet sein, sollte man meinen, wenn einer, um sie zu bejagen, eine dreitägige Hin- und eine ebensolange Rückreise nicht scheut. Das war aber ganz und gar nicht der Fall:

Es war nichts anderes, als das „blacktaildeer", oder zu deutsch: der „Schwarzwedelhirsch", der mich diese lange Reise antreten ließ, und „blacktaildeer" gehören nun mal nicht zu den seltenen oder besonders begehrten Wildarten, auf dem nordamerikanischen Kontinent. Sie sind, ganz im Gegenteil, das am häufigsten vorkommende Wild der Küstenregion Britisch Kolumbiens, und der westlichen Küstenstaaten der USA.

Obwohl sie also sehr zahlreich sind, war es mir, bei meinen vielen Besuchen Britisch Kolumbiens, noch nicht gelungen, zu einer vernünftigen blacktail-Trophäe zu kommen. Gewiß, weibliches Wild dieser Art, und auch einen Spießer, hatte ich schon geschossen, aber eben noch keinen reifen Hirsch oder „buck", wie man dort sagt, und den wollte ich auf den Queen Charlotte Inseln, die weit oben im Nordpazifik unterhalb des alaskanischen Panhandels liegen, erjagen.

Nicht nur das Wild, sondern auch das Jagdgebiet, eben diese abgelegenen Inseln, hatten es mir angetan, einmal wegen ihres besonderen landschaftlichen Reizes, aber auch, weil man dort das „blacktaildeer" nahezu ohne jede Beschränkung der Zahl bejagen kann. Während man in den verschiedenen Provinzen Britisch Kolumbiens nur einen, höchstens zwei „bucks" in der Saison erlegen darf, sind es dort deren zehn. Zudem beginnt die Jagdsaison auf den Queen Charlotte Inseln bereits im Juni, und das kommt daher, daß die Population an „blacktaildeer" so groß ist, daß sie dem Wald gefährlich wird. Das jedenfalls ist die Auffassung der ansässigen Forstleute und Biologen. Daher rührt auch die besonders lange Jagdzeit, von Juni bis Februar, und die für Kanada ungewöhnlich hohe „baglimit".

Nun ist es gewiß nicht jedermanns Sache, auf einen Hirsch in Bast zu jagen - im Juni und Juli haben die Hirsche ja noch nicht verfegt - aber den kanadischen Jäger stört das weniger, als den deutschen, er ist in der Mehrzahl Fleischjäger, und die Trophäe spielt für ihn keine solche Rolle, wie bei uns.

Aber auch lange Jagdzeit und hohe „baglimit“ haben es bislang nicht geschafft, den Bestand spürbar zu reduzieren. Das mag daran liegen, daß die Inseln sehr abgelegen sind, und daß nur wenige Jäger bereit sind, Zeit und Kosten, für eine Reise dorthin aufzubringen, zumal das „blacktaildeer“ eben klein ist, und nicht die Menge Fleisch liefert, wie beispielsweise ein Elch, der, unter den kanadischen Jägern, beliebtesten Wildart. Zudem ist das auf den Queen Charlotte Inseln vorkommende „blacktaildeer“, das kleinste seiner Art, und ist unter dem Namen „sitka blacktaildeer“, bekannt. Dabei mag die isolierte Lage der Inseln im Nordpazifik eine Rolle spielen, die eine Blutauffrischung durch zuwandernde Artgenossen nicht zuläßt, denn die Distanz von etwa 100 Kilometern, zwischen Festland und Inseln, kann kein Hirsch schwimmend überwinden, und Forstbehörden, sowie Gamedepartement haben, aus bereits genannten Gründen, kein Interesse daran, „blacktaildeer“ vom Festland auf die Insel zu bringen, um den Bestand zu stärken.

Begibt man sich von Vancouver auf die Reise zu den Inseln, so wird man, falls man mit dem Auto reist, zumindest eine der Strekken mit dem Fährschiff zurücklegen, denn die Fahrt durch die sog. „Inside Passage“, die an der Westküste Britisch Kolumbiens entlangführt, kann unvergeßliche Eindrücke vermitteln. Das Fährschiff zu nehmen, hat auch den Vorteil, daß man ausgeruht am Bestimmungsort ankommt. Der Landweg ist mit seinen etwa 1700 Kilometern ungleich länger, als der Seeweg, da die breite Kette der Coast Range umfahren werden muß: Es gibt keinen direkten Landweg durch das Gebirge.

Vierzehn Stunden dauert die Reise mit dem Fährschiff zwischen Port Hardy am nördlichen Ende von Vancouver Island und Prince Rupert, wo man sich dann zur Überfahrt auf die Inseln erneut einschiffen muß.

Von Langeweile, die manch einer bei dem Gedanken an eine längere Schifffahrt befürchten mag, kann keine Rede sein. Neue ungewohnte Eindrücke wechseln ständig, und zu keiner Zeit ist man nur der Eintönigkeit des Wassers ausgesetzt: Immer wieder taucht irgendwo am Horizont eine Insel auf, von denen im Laufe der Reise, Hunderte an einem vorüberziehen, und jede sieht irgendwie anders aus. Dichtbewaldete, oder auch schnee- und eisbedeckte Berge der Coast Range, sind ständige Begleiter, denn das Festland ist ja zu jeder Zeit noch nahe. Tiefeingeschnittene Fjorde, dicht bewaldete Inseln, zahlreiche Berge, und das Wasser des Meeres, prägen also das Bild einer abwechslungsreichen Landschaft, durch die das Schiff sich seinen Weg scheinbar erst suchen muß.

Man braucht etwas Glück, wenn man auf der Fahrt auch Wale sehen will, sie sind inzwischen seltener geworden, aber es ist dieselbe Route, die die Killerwale oder Orcas auf dem Weg in den Süden nehmen. Auch Delphine und die großen Meeresschildkröten, gehören heute nicht mehr zu den Sehenswürdigkeiten, die sozusagen „garantiert“ sind. Der Weißkopfadler aber ist noch allgegenwärtig, und wer ein gutes Auge hat, oder ein Fernglas zur Hand nimmt, wird ihn überall entdecken können.

Das Schiff legt spät abends in Prince Rupert an. Ich hatte telefonisch ein Zimmer in einem „Hotel“ gebucht, ohne dessen Qualität zu kennen. Es war das „Raffels Inn“, stand unter chinesischer Leitung, hatte aber, wie ich bald feststellen mußte, keinerlei Ähnlichkeit mit dem berühmten Hotel gleichen Namens in Singapur.

Als ich kurz vor Mitternacht dort ankam und die Rezeption betrat, schlug mir ohrenbetäubender Lärm entgegen. Er drang aus einer Tanzhalle, besser gesagt: einem „beer parlor“, also einer Bierhalle, die sich neben der Rezeption befand. Dort ging wirklich „die Post ab!“ Ich warf einen kurzen Blick in das Lokal, das zum Bersten, mit Menschen gefüllt war: Ein buntes Gemisch aus Weißen und Indianern, tanzte ausgelassen, zu den dröhnenden Klängen einer auf volle Lautstärke eingestellten Stereoanlage. Diese Leute hier schien die wirtschaftliche Rezession, die den Ort Prince Rupert nach der Schließung der Papiermühle, dem wichtigsten Arbeitgeber der Region, betroffen hatte, jedenfalls nicht zu kümmern.

Das versprach ja eine „erholsame“ Nacht zu werden! Ich verlangte ein Zimmer, möglichst weit entfernt, von der ausgelassenen Gesellschaft, was man mir auch gewährte, und ich habe, wider Erwarten, doch einen ruhigen Schlaf gehabt.

An drei Tagen in der Woche, verkehrt das Schiff, zwischen Prince Rupert und Skidegate auf den Queen Charlottes. Es verläßt den Hafen um 11 Uhr vormittags, und legt, die etwa 140 km in etwas mehr als 7 Stunden zurück.

Als das Schiff den Schutz der dem Festland vorgelagerten Inseln verlassen hatte, und in die Hecate Strait einbog, kam uns ein steifer Nordwestwind entgegen. Der Bootskörper begann bald zu rollen, und dies hatte die ersten Seekranken zur Folge. Die Hecate Strait ist ja auch für seine unvermutet aufkommenden Stürme bekannt. Welch geschickte Seefahrer müssen doch die Haidas, die Ureinwohner der Queen Charlotte Inseln, gewesen sein, die diese gefährliche Meeresstraße ständig in ihren Kanus durchquerten, um mit den Küstenindianern auf dem Festland Handel zu treiben.

Ich hatte diese Jagdreise ziemlich spontan angetreten, ohne also Zeit für eine eingehende Vorbereitung zu haben, und kannte deshalb auch die jagdlichen Verhältnisse auf den Inseln nur so am Rande vom Hörensagen. Es gab auch niemanden dort, an den ich mich, mit näheren Fragen, hätte wenden können. Aber sollte es der Wahrheit entsprechen, daß es auf den Inseln so viele „blacktaildeer“ gab, so dürfte es nicht schwerfallen, so dachte ich, auch ohne größere Erfahrung, zum Erfolg zu kommen. Ein Mann, den ich auf der Überfahrt auf dem Schiff kennenlernte, und der sich als auf den Inseln gebürtig erwies, antwortete auf meine Frage, wo denn gutes Jagen sei: „Deer are plenty and everywhere“. Das war, was ich bereits wußte, oder es bestätigte zumindest, was ich bislang gehört hatte, nämlich, daß es reichlich Wild gab. Aber wo man es antreffen konnte, darüber war ich mir nicht im Klaren. Es hätte zwar die Möglichkeit bestanden, Informationen darüber bei der Forstbehörde der Inseln einzuholen, denn meistens erhält man an solchen offiziellen Stellen, freundliche Auskunft, und wird obendrein noch mit aufschlußreichen Kartenmaterial, in dem die Logging-Aktivitäten vermerkt sind, versehen, und das kostenlos, aber: es war Freitag, und so würde das Forstamt, bei meiner Ankunft geschlossen sein. Vor Montag war da wohl nichts zu erreichen. Ich wollte aber gleich mit dem Jagen beginnen, hatte also vor, das bevorstehende Wochenende zu nutzen, wobei ich annahm, daß es auf den Inseln nicht anders als auf dem Festland war, wo man neue oder alte Forststraßen benutzt, um in die Jagdgebiete zu gelangen, und zwar am besten solche neueren Datums, denn die alten sind im allgemeinen nicht in einem Zustand, der das Befahren mit einem Auto erlaubt. Sie führen zudem meistens in Gebiete, in denen bereits vor vielen Jahren Holz geschlagen wurde, und da sind dann in Bälde die ehemaligen Kahlschläge wieder lückenlos mit Wald bedeckt, so daß man keine rechte Sicht mehr hat.

Die neueren Straßen werden zwar an den Wochentagen von den schweren Lastwagen, die das geschlagene Holz geladen haben, befahren, aber am Wochenende ruht der Holztransport, und die Straßen sind dann der Allgemeinheit zugänglich. Auf diesen Straßen kann man Gebiete erreichen, die erst kürzlich aufgeforstet wurden, oder in denen der natürliche Bewuchs noch jung ist, so daß man also gute Sicht hat, und die Jagd damit erleichtert wird.

Die Schwarzwedelhirsche bevorzugen, wie man weiß, Flächen mit jungen Baumbestand, auf denen es reichlich Äsung gibt, noch dazu in unterschiedlicher Art, denn sie sind, wie das Rehwild, sog. „browser“ und lieben die Abwechslung beim Äsen. Dichter, unversehrter Wald, muß aber in der Nähe sein, denn, sie entfernen sich ungern weiter von ihrem Einstand.

Das Schiff fährt, wenn es auf Sichtweite an die Inseln herangekommen ist, eine gute Stunde an der Ostküste der Nordinsel entlang, bevor es schließlich in den Skidegate Channel einbiegt. Genau an seinem Eingang liegt sein Bestimmungshafen Skidegate.

So hatte ich Gelegenheit, die Insel erstmal aus der Ferne zu betrachten. Ich konnte sehen, daß sie dicht bewaldet war. Es ließen sich nur wenige Flächen erkennen, wo Holz geschlagen worden war. Diese hoben sich durch ihre hellere Farbe von dem dunklen Grün des unversehrten Waldes ab, und befanden sich überwiegend in den höheren Lagen der Berge, welche beinahe die gesamte Insel bedecken.

Pünktlich legte das Schiff in Skidegate, der kleinen Haida-Siedlung, an. Der Ort besteht nur aus einer Handvoll Hütten und Holzhäusern, die von Haida-Indianern bewohnt werden. Von Skidegate aus, hatte ich die Wahl, sofern ich auf der Nordinsel bleiben wollte, die Straße an der Ostküste in Richtung Masset zu nehmen, anschließend vielleicht in Tjell nach Port Clement abzubiegen und irgendwo auf dieser Strecke den Zugang zu einem mir passend erscheinenden Jagdgebiet zu suchen, oder die wenigen Kilometer bis Queen Charlotte City zu fahren, das nicht, wie der Name vermuten läßt, eine Stadt, sondern nur ein kleines Dorf ist, um dort Quartier zu machen, und von da aus die Gegend zu erkunden. Es sind gerade fünf Kilometer von Skidegate Landing bis Queen Charlotte City und die Straße führt am Meer entlang, so daß man weit hinein in den Skidegate Channel schauen kann, dem Maude Island vorgelagert ist. Blickt man dann nach Süden, so hat man Moresby, die Südinsel mit Allisbay, vor sich, durch den Skidegate Channel von der Nordinsel Graham Island getrennt. Moresby ist, zumindest in seinem südlichen Teil, so gut wie unerschlossen. Tief eingeschnittene Inlets und hohe zerklüftete Berge, haben einer touristischen Erschließung bislang erfolgreich Widerstand geleistet. Der größte Teil der Insel wurde zum Nationalpark erklärt.

Das „Hecate Inn“, in Queen Charlotte City, war mir als passables Hotel empfohlen worden, aber als ich dort vorfuhr, hing draußen ein Schild „no vacancy“, vielleicht ein glücklicher Umstand für meine jagdlichen Pläne, denn schon im „Sea Raven“, wo ich als nächstes, wegen eines Zimmers vorsprach, war man nicht ausgebucht, und bei dem kurzen Gespräch, das ich beim Einchecken mit dem Besitzer führte, wobei ich mich als Jäger zu erkennen gab, stellte sich rasch heraus, daß auch er Jäger war, und über gute Ortskenntnisse auf der Insel verfügte.

„You should have gone with us“, sagte er zu mir, „just two days ago I shot a blacktailbuck close to the road“. Das war zwar nicht das, was ich wollte, einen Schwarzwedelhirsch vom Auto aus, auf, oder neben der Straße zu schießen, ich wollte ja „jagen“, und nicht nur „schießen“. Aber das Gespräch hatte etwas Gutes, denn der Mann beschrieb mir ein, nach seiner Meinung, erfolgversprechendes Gebiet, und fertigte mir dazu eine kleine Skizze an, nach der ich mich orientieren sollte. Die beschriebene Gegend wäre nur über eine aktive „logging road“ zu erreichen, sagte er noch. Nun war ja Wochenende, und somit, wie schon erwähnt, die Benutzung der Straße gestattet, denn am Samstag und Sonntag ruht der Holztransport, und man muß nicht mit einem gar mit hoher Geschwindigkeit daherkommenden Lastwagen rechnen, dem auszuweichen die schmalen Straßen kaum Gelegenheit bieten. Diese langen und schweren Baumstämme transportierenden „trucks", sind über Funk miteinander verbunden, und begegnen sich auf den schmalen Straßen an dafür vorgesehenen Ausweichstellen. Da sie so immer über den Standort des entgegenkommenden Fahrzeugs genau informiert sind, können sie mit hoher Geschwindigkeit fahren, was sie auch tun, denn die Fahrer werden entsprechend der abgelieferten Ladung bezahlt. „Time is money", heißt es nicht zuletzt, auch im Logginggeschäft.

Nach der Skizze sollte ich die zunächst noch geteerte Straße nach Norden nehmen, dann auf eine Schotterstraße nach rechts abbiegen, bis ich an einen Fluß käme, der von einer Holzbrücke überquert wird. Von der Brücke ging es, dem Plan nach, wieder nach rechts ab, und zwar auf eine weitere Forststraße. Hier sollte ich dann auf die am Straßenrand angebrachten Kilometerzeichen achten, denn ein bei Kilometer 14 abzweigender Weg, würde mich genau in das Jagdgebiet führen.

Ich war für diese Hinweise dankbar, wenn auch etwas skeptisch, denn zu oft habe ich schon erfahren müssen, daß solche gut gemeinten Ratschläge und Beteuerungen, wie „there is lots of game", „da gibt es reichlich Wild", sich später als enttäuschend, oder gar als nutzlos erwiesen hatten. Meine Erfahrung war: Oft hat derjenige, der die Empfehlung ausspricht, irgendwann, vielleicht vor mehreren Jahren, in dem beschriebenen Gebiet gejagt, aber die Verhältnisse hatten sich in der Zwischenzeit geändert, oder er kannte die Gegend nicht aus eigener Erfahrung und Erleben, sondern nur vom Hörensagen. Aber immerhin, es war, ein Anhaltspunkt, an den ich mich anlehnen konnte.

Als ich am nächsten Morgen losfuhr, es war ein Wetter wie geschaffen zum Jagen und Pirschen, der Himmel war bedeckt, und vom Meer wehte ein leichter Wind, da hatte ich bald die auf der Skizze vermerkten markanten Punkte passiert, und befand mich jetzt auf der durch einen dichten Wald von mächtigen Zedern und Douglastannen führenden Schotterstraße, an deren Rand ich die kleinen Schilder mit der vorgegebenen Kilometerangabe erkennen konnte.

Zwei- oder dreimal sah ich Schwarzwedelhirsche am Straßenrand äsen, die, sobald sie, auf das herankommende Fahrzeug aufmerksam wurden, ins dichte Unterholz schlüpften.

Ich war kaum eine Stunde unterwegs, da hatte ich eine ausgedehnte freie Fläche im Wald erreicht, die sich rechts der Straße, über mehrere Kilometer hin ausbreitete. Hier war offenbar der Wald einer ganzen Hügelkette ein paar Jahre zuvor abgeholzt worden, und, bis zum Horizont reichend, zeigten die Bergflanken das helle Grün junger Bäume, im Tal begrenzt von der dunklen Linie des unversehrten Waldes. Das sah wahrhaftig nach „deer country" aus!

Ich bog in den nächsten Weg ein, und fand ihn nach einigen hundert Metern, durch querliegende Bäume, versperrt. Das war mir aber ganz recht, denn ich mußte nun nicht befürchten, daß „road hunters", also Straßenjäger in dieser Gegend waren, und wie ich später befriedigt feststellen konnte, gab es auch keine Reifenspuren auf dem Weg, der in die Hügel führte.

Ich stellte mein Auto vor dem Hindernis ab, nahm Gewehr und Rucksack an mich, und machte mich auf den Weg. Da war ein kleiner Bach, der sich durch das Tal zog, und den ich schnell durchquerte, dann stieg ich den Weg in die Hügel hoch. Weit und breit war niemand zu sehen und zu hören. Bis auf das „Klong" einiger Kolkraben, die über mich hinwegflogen, war alles in der Natur ruhig. Die schlauen Vögel, schienen meine Absicht, jagen zu wollen, zu ahnen, denn sie begleiteten mich, wohl in der Hoffnung, daß auch für sie, sollte ich Wild erlegen, etwas abfallen würde.

Der Weg führte nun in halber Höhe des Berges, kaum einen Büchsenschuß vom Waldrand entfernt, durch die mit mannshohen Nadelbäumen und Büschen bewachsenen Hänge. Die jungen Bäume standen schütter. Unter und zwischen ihnen, wuchsen saftiges Gras, sowie Blaubeeren- und Huckleberrybüsche. Es schien alles vorhanden, was gute Äsung versprach, und auch dem Wild Dekkung geben konnte, ohne aber dem Jäger die Sicht zu nehmen.

In der ersten halben Stunde, sah ich drei weibliche Hirsche und einen jungen männlichen. Er war noch im Bast, und sein Geweih, hatte auf jeder Seite, nur zwei Enden. Die intensiv rotbraun gefärbte Decke der Hirsche, leuchtete schon auf weite Entfernung aus dem hellen Grün des Hanges, in dem sie standen. Sie waren so vertraut, daß ich unbemerkt, an ihnen vorbeigehen konnte. Hatte hier tatsächlich noch niemand gejagt? In so kurzer Zeit, mehrere Hirsche zu sehen, die dastanden und ästen, ohne von ihrer Umgebung Notiz zu nehmen, konnte nämlich nur eines bedeuten: Hier wurde nicht, oder nur selten und wenig, gejagt! Ich konnte dies kaum fassen, denn ich war es aus anderen Gegenden ganz anders gewohnt. Die mit dem Auto zugänglichen Gebiete Britisch Kolumbiens, sind häufig überjagt, und das wenige, noch vorhandene Wild, ist entsprechend vorsichtig. Hier aber schien die jagdliche Welt wirklich noch in Ordnung zu sein! Der Wunsch, den jeder Jäger und Angler kennt, und hegt, nämlich, einmal irgendwo zu jagen, oder zu fischen, wo noch kein anderer zuvor gejagt, oder gefischt hat, schien sich hier, in erstaunlicher Weise zu erfüllen; dieser Eindruck setzte sich noch fort, denn in den nachfolgenden Stunden, in denen ich, ohne festes Ziel, die Hügel durchstreifte, stieß ich noch auf den einen oder anderen Hirsch. Jetzt aber, da ich wußte, daß genügend Wild da war, wurde ich wählerisch, und wollte nicht irgendeinen, oder den erstbesten erlegen. Es sollte schon ein guter reifer Hirsch sein.

Mittag war nun längst vorbei, und es stellten sich Hunger und Durst bei mir ein. Da führte ein dichtbewachsener Graben, vom nahegelegenen Wald in die Hügel, und oben, wo er den Weg traf, lag Fallholz. Auf einen der Baumstämme ließ ich mich also nieder, und begann, mein Lunchpaket auszupacken. Von hier oben hatte ich einen guten Überblick, und konnte sowohl den Graben, der vom Wald hochführte, als auch die Hänge, unter und neben mir gut übersehen. Es war der richtige Platz, um zu rasten, und gleichzeitig zu schauen.

Ich wollte eben damit beginnen, eines meiner belegten Brote zu verzehren, als ich noch einen Blick nach unten warf, und da fiel mir ein kleiner, heller rotbrauner Fleck am Rande des mit dichtem Buschwerk umsäumten Grabens auf. Rasch größer werdend, begann er, Konturen anzunehmen, und als ich mein Fernglas ans Auge nahm, sah ich, daß sich ein Schwarzwedelhirsch aus den Büschen hervorschob, nur, es war nicht irgendein Schwarzwedelhirsch, es war ein starker Bock, ein Bock, wie ich ihn mir immer gewünscht hatte, und er zog jetzt den Hang hoch, und zwar genau in meine Richtung. Noch war es für einen Schuß viel zu weit, aber er kam ständig näher auf mich zu, und als er mir nahe genug erschien, griff ich nach meiner Büchse, die neben mir am Baumstamm lehnte, stützte meine Ellenbogen an der Oberschenkeln, ab und schoß.

Es kostete mich eine halbe Stunde, die 150 Meter den Hang hinunterzusteigen, und mich durch das Gewirr von Fallholz, Gestrüpp und Felsbrocken zu dem Hirsch durchzukämpfen, wobei ich mich immer wieder neu orientieren mußte, aber dann hatte ich es geschafft, und stand vor dem verendeten Hirsch, und ein Gefühl der Freude überkam mich. Endlich, nach vielen Jahren vergeblicher Versuche, war geglückt, was ich mir so gewünscht hatte! Der Hirsch, der da vor mir lag, war zwar nur ein „Threepoint", aber die Trophäe war stark.

Ich hatte das Ziel, das ich mir gesetzt hatte, erreicht, und konnte nun wieder die Rückreise antreten. Am nächsten Tag schon nahm ich das Schiff nach Prince Rupert, und nach zwei weiteren Tagen, die ich im Auto verbrachte - ich mußte 1700 Kilometer auf dem Landweg zurücklegen - kam ich wohlbehalten an meinem Aufenthaltsort, in der Nähe von Vancouver an. Ich begann nun, die Trophäe, wie das üblich ist, auszukochen und zu säubern, wobei ich mir besondere Mühe gab. Dann hing ich sie zum Trocknen außen an die Hauswand, hoch genug, um sie vor Hunden, Katzen und Waschbären, die sich nachts herumtrieben, zu schützen.

Aber als ich am nächsten Morgen vor die Tür trat, war das Geweih verschwunden. Ungläubig starrte ich auf den Nagel, an dem es gehangen hatte. Ich suchte verzweifelt die ganze Umgebung ab, aber das Geweih blieb verschwunden. Da fielen mir an der Hauswand die diskreten Abdrücke von Hundepfoten auf, und nun war mir alles klar. Nur des Nachbars großer Schäferhund konnte der Übeltäter gewesen sein, denn nur er hatte die Größe, um, auf den Hinterbeinen stehend, an das Geweih heranzukommen.

Ich lief hinüber auf das benachbarte Grundstück, und dort auf dem Rasen, fand ich mein nun übel zugerichtetes Geweih. Nicht vielmehr als die Hauptstangen waren davon noch übrig, die Enden waren fast vollständig abgenagt!

Ich weiß nicht warum mir dies passieren mußte. Es muß wohl irgendein böser Jagdgeist gewesen sein, der mir die Trophäe mißgönnt hat. Jedenfalls war der Vorfall ein Grund, mir vorzunehmen, bei nächster Gelegenheit, wieder auf die Queen Charlotte Inseln zu fahren.

Ich wurde gegen zwei Uhr morgens wach. Ein leichtes Schwanken des Wagens, in dessen rückwärtigen Teil ich schlief, hatte mich geweckt. Im Wachwerden, hörte ich, leise kratzende Geräusche, die sich von draußen in das Innere des Wagens übertrugen. Es dauerte einige Zeit, bis ich mir bewußt wurde, daß ich mich in einem Auto befand. Ich hatte tief geschlafen.

Am Tage zuvor, war ich hier am Fuße der Berge, in denen ich jagen wollte, angekommen, und da es bereits kurz vor Sonnenuntergang war, hatte ich mich nur rasch umgezogen, und war dann aufgebrochen, um das restliche Tageslicht für einen Pirschgang zu nützen. Mein Zelt wollte ich aufbauen, wenn ich zurückkam.

Es war finstere Nacht, als ich wieder am Auto ankam. Und ich war zu müde gewesen, um mich noch mit dem Zelt zu beschäftigen, und hatte es vorgezogen, im Auto zu nächtigen. Um Platz im Wagen zu schaffen, hatte ich die Plastikbox mit den Vorräten für eine Woche herausgeholt, und unter das Auto geschoben, und war dann in meinen Schlafsack gekrochen.

Nun lag ich da und lauschte den Geräuschen, die von draußen hereindrangen, und die ich mir nicht erklären konnte. Als ich das Klappern von Besteck und Dosen hörte, wurde mir jedoch klar, daß irgend jemand, oder irgend etwas, sich an meinen Vorräten zu schaffen machte. Aber wer sollte in dieser abgelegenen Gegend an meinen Vorräten interessiert sein? Ich war 50 Kilometer von der nächsten Ansiedlung entfernt, und mitten in der Wildnis der Queen Charlotte-Inseln. Ich öffnete den Reißverschluß meines Schlafsackes, stützte mich auf die Ellenbogen, so daß ich durch das seitliche Wagenfenster blicken konnte. Draußen war es mondhell. Ich konnte Einzelheiten in der näheren Umgebung gut erkennen. Plötzlich schob sich eine dunkle massige Gestalt, aus dem Schatten des Wagens, und trat in das helle Mondlicht. Es war ein mächtiger Schwarzbär, der sich nun aufrichtete, und mit einem größeren Gegenstand, den er, mit den vorderen Pranten umfassen, und gegen seinen Körper drückend, dem kaum 50 Schritte entfernten Wald, zustrebte. Zunächst konnte ich mir keinen Reim darauf machen, was der Bär da fortzuschleppen bemüht war. Erst als ich das schon zuvor gehörte Geräusch, wie es durch das Aneinanderschlagen von Konserven, Blechtassen und Besteck verursacht wird, vernahm, gab es keinen Zweifel mehr, daß der Bär die Plastikbox mit meinen Vorräten, in seinen vorderen Pranten hielt, und mit dieser zu entkommen versuchte. Er war hochauf-

gerichtet, und je weiter er sich entfernte, um so menschenähnlicher wurde, seine Gestalt. Für einen Augenblick hatte ich den sonderbaren Eindruck, einen als Bär verkleideten Menschen, vor mir zu haben, und ich verstand mit einem Mal, warum die Indianer vom „Bruder Bär" sprechen, und ihm, wenn sie ihn auf der Jagd erlegen, besondere Ehre erweisen.

Sollte der Bär, mit meinen Vorräten entkommen, so würde dies mehrere Tage, fasten für mich bedeuten.

Er hatte bereits die Hälfte des Weges zwischen Wagen und Wald zurückgelegt, als ich die Scheinwerfer einschaltete, und gleichzeitig auf die Hupe drückte. Der Bär ließ, als er von dem grellen Lichtkegel der Scheinwerfer erfaßt wurde, den Container mit lautem Geklirre fallen, und flüchtete in den nahen Wald.

Ich blieb die darauffolgenden Nächte ungestört, und jagte tagsüber, auf Sitka-Schwarzwedelhirsch. Dabei stieß ich wiederholt auch auf Schwarzbären, die sich an den, um diese Jahreszeit, reichlich vorhandenen Salalbeeren, ihren Winterspeck anfraßen. Ich besaß zwar eine Lizenz für einen Schwarzbären, und war auch mit der Absicht hierhergekommen, einen zu erlegen; aber nach meinem nächtlichen Erlebnis, stand mir der Sinn nicht mehr nach Bärenjagd. Immer wenn ich einen vor mit hatte, tauchte das Bild des nächtlichen Besuchers, vor meinen Augen auf, wie er, aufrechten Ganges, seine vorderen Pranten, geschickt wie Hände und Arme gebrauchend, sich mit meinen Vorräten fortstehlen wollte. Zumindest dieses eine Mal, war „Bruder Bär" vor mir sicher.

Der Frühstückswapiti

Abgebrochene Zweige und Fetzen von Rinde flogen umher, als der Wapiti, ein Zwölfender, den wir vor uns hatten, mächtig an einer kleinen Kiefer fegte. Eigentlich war es kein Fegen mehr, was er uns da bot, denn sein imposantes Geweih war bereits blank, es war wohl eher Übermut und der Drang, seine Kraft zu zeigen, der den Hirsch veranlaßt haben mag, den Baum kurz und klein zu schlagen. Aber alles, was wir von ihm sehen konnten, waren Haupt und Träger, das Übrige war durch Büsche verdeckt. Mein Guide R. und ich grinsten uns an, als wir aus etwa 80 Meter Entfernung und guter Deckung dieses beeindruckende Schauspiel beobachteten. „Der würde passen", flüsterte ich R. in seiner Muttersprache zu, „er müßte nur mehr von sich zeigen!"

Einen Schuß auf den Träger wollte ich auf keinen Fall riskieren, dazu war der Hirsch einfach zu „gut". Er war zu „einmalig", um einen unsicheren Schuß auf ihn zu wagen, ihn damit vielleicht krankzuschießen und zu verlieren. Er war in Person das, was der Amerikaner unter „trophy bull" versteht.

Wir hatten den Hirsch die ganze Zeit über aus ziemlicher Entfernung „röhren", besser gesagt: „bugeln" hören, als wir auf unseren Pferden den Hang hochgeritten kamen inmitten der Wyoming wilderness, gut 40 Kilometer von der nächsten Straße entfernt.

Vermutlich hatte er uns kommen hören; denn zwei Reiter, die Packpferde führen, verursachen, wenn sie sich im unwegsamen Gelände bewegen, Geräusche genug, um von einem Wapiti, der sich in der Nähe aufhält, nicht unbemerkt zu bleiben. R. hatte auf das „Bugeln" des Hirsches ein paarmal geantwortet, in der Hoffnung, ihn davon überzeugen zu können, daß unsere Pferde nichts anderes als seine Artgenossen wären, und ihn dadurch vielleicht bewegen zu können, näherzukommen. Diese Taktik hatte nur zu gut gewirkt, denn kaum waren wir aus den Steigbügeln gestiegen, als wir den Wapiti in unmittelbarer Nähe „bugeln" hörten. Sehen konnten wir ihn allerdings zunächst nicht, denn er stand im dichten Busch. Wir ließen uns daher vorsichtig von den Pferden gleiten, gingen in Deckung, und R. begann, verhalten zu „bugeln". Nach ein paar Minuten schoben sich dann Haupt und Träger des

Hirsches aus den Büschen, aber das war es dann auch schon. Mehr von sich wollte er nicht anbieten. Daß er noch ein oder zwei Schritte tun würde, das war alles, was ich mir in diesem Augenblick wünschte, aber das wäre wohl zu viel des Jagdglücks gewesen, hatten wir doch eben erst mit dem Jagen begonnen. Er blieb, wo er war, und attackierte zornig die kleine Kiefer, die sich vor ihm befand. Doch plötzlich kam er in Bewegung, machte eine kurze Flucht nach vorn, drehte dann jedoch ab. R. schickte ihm noch einen Ruf nach, und tatsächlich verhielt der Hirsch, aber nun waren nur die Keulen von ihm zu sehen, und das war wieder nicht genug für einen sicheren Schuß. Einige Sekunden stand er so, dann zog er außer Sicht und gab auch keinen Ton mehr von sich. Wir hatten ihn offensichtlich vergrämt.

Ich blickte enttäuscht zu R. hinüber, der einige Schritte neben mir stand. „Nicht schlimm“, meinte er mit einem Lächeln, „alles hier ist großartiges Wapitiland, und du wirst sicher noch deinen Hirsch bekommen“. Und in der Tat, er sollte recht behalten.

Am Abend, als wir am Campfeuer saßen, da war die Rede – wie konnte es anders sein – nur von Wapitis, die beste Art zu „bugeln“ und wann, wo und welcher Jäger einen starken Hirsch erlegt oder auch gefehlt hatte. Und was für mich das Wichtigste war: R. machte Pläne für die kommenden Tage, und die klangen vielversprechend. In den zwei Tagen, die wir nun beisammen waren, hatte ich mich bereits von seinen jagdlichen Fähigkeiten überzeugen können. Ohne Zweifel verstand er sein Handwerk. Er war aus voller Passion Guide und Outfitter. Im Osten der USA geboren, war er schon seit seiner Jugendzeit ein begeisterter Jäger gewesen. Im Alter von 40 Jahren hatte er seine kleine Farm verkauft und war nach Wyoming gezogen, wo er zunächst einige Jahre für einen bekannten Outfitter als Guide gearbeitet hatte, bis sich schließlich die Gelegenheit bot, ein Outfit zu übernehmen und sich selbständig zu machen. Ich hatte schon nach kurzer Zeit Vertrauen zu ihm gefaßt, und meine Vorbehalte abgelegt, die ich grundsätzlich gegen Leute hege, die aus der Jagd ein Geschäft machen.

Am nächsten Morgen krochen wir früh aus unseren Schlafsäcken, und als sich der Himmel im Osten rot und gelb zu färben begann, waren wir schon weit in die Berge hineingeritten. Wir waren nun mitten im „high country“, wie der Amerikaner das Gebirge nennt. Es ist im Herbst das bevorzugte Einstandsgebiet der Wapitits, und erst wenn im Winter reichlich Schnee fällt, ziehen sie hinunter in die Täler.

Über dem dichten, dunklen Fichtenwald, in den hellbraunen Hochmoorwiesen eingestreut waren, erhoben sich bizarr geformte Felsberge. An den Südhängen wuchsen vorwiegend Kiefern und Espen, deren Laub nun intensiv gelb gefärbt war. Auf den Nordhängen standen hohe Tannen und Fichten, von deren Ästen fahles Moos in langen Fahnen herunterhing. Und überall lag Fallholz, Bäume, die schon vor vielen Jahrzehnten gefallen und die inzwischen so morsch waren, daß man, wenn man auf sie trat, das Gefühl hatte, auf Sägemehl zu gehen.

In diesen Wald hatte der Mensch noch nie eingegriffen, es war richtiger „Ur-Wald“. Aber da gab es auch kein Durchkommen, zumindest konnte man seinen Weg nicht frei wählen, man mußte sich schon an die wenigen Trails halten, die Hirsch, Bär und Elch ausgetreten hatten. Und selbst da war es schwer, voranzukommen, weil auch sie oft durch querliegende Bäume und Äste versperrt waren.

Aber es war nicht das unwegsame Gelände allein, welches das Reiten so schwer machte. Mehrere Stunden an einem Stück im Sattel zu sitzen, bereitete mir Probleme genug, und manchmal war das Reiten die reinste Qual, so daß ich es vorzog, abzusteigen, um eine längere Strecke zu Fuß zu gehen. Das Gehen war mir immer noch lieber, als mit unnatürliche gespreizten Beinen und schmerzhaft gestreckten Sehnen stundenlang auf dem breiten Rücken des stämmigen Pferdes zu sitzen. Das Reiten in dieser Gegend war auch nicht ganz ungefährlich, denn wir hatten steil abfallende Hänge zu überqueren und bewegten uns auf schmalen Pfaden in felsigem Gelände. Kamen wir an solche gefährlich aussehende Stellen, so ritt ich, einem Rat R. ´s folgend, nur mit den Fußspitzen in den Steigbügeln, um ohne Verzögerung abspringen zu können, sollte das Pferd stolpern oder gar stürzen.

Oft waren die Hänge, die wir überquerten, so steil, daß man, im Sattel sitzend mit der einen Hand mühelos die Bergseite berühren konnte, und der hangseitige Steigbügel gegen Felsbrocken stieß. Besonders gefährlich war es, nachts zu reiten, was wir aber möglichst zu vermeiden versuchten. Aber nicht immer schafften wir es, vor Einbruch der Nacht wieder im Camp zu sein, vor allem, wenn wir in einem entlegenen Gebiet gejagt hatten. Wenn auf dem Rückweg die Nacht hereinbrach und es kein Mondlicht gab und selbst der schwache Schimmer der Sterne durch Wolken verdeckt war, mußten wir uns ganz auf den Orientierungssinn der Pferde verlassen. Dann schlugen einem Äste ins Gesicht, und das eine oder andere Mal wurde einem der Hut vom Kopf gerissen, und es war dann mehr als lästig, abzusteigen, um den Hut im Dunkeln zu suchen und mit den ohnehin schmerzenden Beinen wieder aufs Pferd zu kommen.

Das alles war beschwerlich, oft sogar unangenehm, aber es war Teil der Jagd und hatte auch seine guten Seiten. Denn es war eine Herausforderung, die es zu bestehen galt, wenn man Erfolg haben wollte, und die einem, wenn sich schließlich der Erfolg einstellt, das Gefühl geben kann, das Jagdglück auch verdient zu haben. So dachte ich jedenfalls. Daß es anders kommen sollte, konnte ich zu diesem Zeitpunkt noch nicht wissen.

Mit Ausnahme des einen Hirsches bekamen wir in den folgenden drei Tagen keinen weiteren zu Gesicht. Gewiß, Hinweise auf deren Anwesenheit gab es überall, Fegestellen, Brunftkuhlen und der scharfe Geruch, den sie während der Brunft verbreiten, hing in der Luft, wenn man eine Stelle passierte, wo kürzlich ein Hirsch durchgewechselt war, und dann war da ja auch das „Bugeln“, das man rundum hören konnte, aber es gelang uns die nächsten Tage nicht, einen beizurufen oder anzupirschen. Mit dem Anpirschen war es so eine Sache: Stand der Hirsch im Wald, so war er dort so gut wie sicher, selbst wenn er seinen Standort durch seine Stimme verriet, so daß wir ihn ziemlich genau lokalisieren konnten. Nur auf den Hochmoorwiesen oder dort, wo ausnahmsweise schütterer Wald stand, war es möglich, das Wild anzugehen. Diese Plätze waren es auch, auf die sich unsere jagdlichen Bemühungen konzentrierten.

Eines frühen und kalten Morgens, nachts hatte es Frost gegeben, und das Gras war reifbedeckt, nahmen wir uns vor, zu einer Wiese am Ende des Tales, in dem unsere Zelte standen, zu reiten. Wir waren lange vor Sonnenaufgang aufgebrochen, und der Himmel im Osten begann sich eben grau zu färben, als wir die langgestreckte Wiese, die sich etwas heller von der Umgebung abhob, vor uns liegen sahen. Da war ein stark strömender Gebirgsbach, der das Tal auf der einen Seite begrenzte und dessen lautes Rauschen zu uns herüberdrang. Jenseits des Flußes stieg das Gelände, auf dem nur einzelne Bäume standen, allmählich an, wurde dann aber steiler und ging in eine kahle Kuppe über. Auf der Gegenseite schloß dichter Wald an die Wiese an, und lag im beginnenden Tageslicht wie eine einförmige, dunkle Masse vor uns. Wir stiegen ab, noch bevor wir unser Ziel erreicht hatten, banden die Pferde fest und näherten uns vorsichtig dem Wiesenrand. Als wir ihn erreicht hatten, war es bereits so hell geworden, daß man Einzelheiten erkennen konnte. Die Wiese war leer, und es war kein dunkler Fleck auf dem gelbbraunen Gras zu sehen. R. begann zu „bugeln". Als ob der Hirsch den Ruf erwartet hätte, so prompt folgte seine Antwort. Irgendwo weiter oben im Wald schien er zu stehen, und von dort ließ er nun in Abständen seine Stimme hören. Dies setzte sich eine Zeitlang fort, dann trat wieder Ruhe ein. R. wollte jedoch nicht aufgeben und schickte immer wieder seinen Ruf nach oben, dorthin, wo wir den Hirsch vermuteten. Und dann, als wir es schon nicht mehr erwartet hatten, erschien der Hirsch. Aber er kam nicht etwa langsam gezogen, so wie das üblich ist, wenn ein Hirsch dem Ruf folgt, sondern überfiel die Wiese in voller Fahrt, durchquerte den Fluß auf der anderen Seite, das Haupt in den Nacken geworfen, so daß das Geweih den Rücken zu berühren schien, und erst als er das gegenüberliegende Ufer erreicht hatte, verlangsamte er sein Tempo und zog den Hang hoch. Folgen konnten wir ihm nicht, denn wir wagten es nicht, den reißenden Fluß zu durchwaten. So liefen wir, so schnell wir konnten, zu unseren Pferden zurück, um mit ihnen den Fluß zu durchreiten. Vielleicht würde der Hirsch sich irgendwo am Hang einstellen. Es kam jedoch anders, als wir gehofft hatten. Als wir auf unseren Pferden den Fluß durchritten hatten und den Hang mit unseren Gläsern absuchten, da schickte sich der Hirsch eben an, den Kamm zu überqueren. Für einen Schuß aber war es längst zu weit, und wir mußten ihn ziehen lassen.

Es gab noch einige solcher Begegnungen mit Wapitis, bei denen wir „ganz nah dran waren", wobei aber im letzten und entscheidenden Augenblick das Quentchen Jagdglück, das man braucht, gefehlt hatte. Daß sich der Erfolg nicht einstellen wollte, lag jedenfalls nicht daran, daß wir nicht bereit gewesen wären, alles zu geben. Wir hatten an manchen Tagen bis zur Erschöpfung gejagt, hatten immer wieder neue Pläne entwickelt und in weit entfernten Gebieten und schwierigem Gelände unser Glück versucht und doch keinen Erfolg gehabt. Dann saßen wir eines Morgens beim Frühstück. Die Pferde waren bereits gesattelt, und alles war vorbereitet für einen längeren Ausflug in die Berge. Sobald das Frühstück beendet war, wollten wir aufbrechen. Da plötzlich ertönte in unmittelbarer Nähe des Camps der kräftige Ruf eines Wapitis. Er klang so eindringlich und nahe, daß wir, beinahe erschreckt, von unseren Sitzen hochsprangen. Der Hirsch konnte nicht weiter als 100 oder 200 Meter vom Camp entfernt sein. Schnell waren die Gewehre aus den „scabbards“, die schon an den Sätteln hingen, gezogen, und wir gingen los in Richtung auf den immer noch „bugelnden“ Hirsch. Ein paar Minuten später hatten wir ihn vor uns: Es war ein starker, alter Zwölfender. Er stand breit, und ihn mit einem sauberen Schuß zu erlegen, war alles andere als schwer.

Da hatten wir nun tagelang mühevoll und unter großen körperlichen Anstrengungen gejagt und nichts zuwegegebracht, und dann, während eines kurzen „Spazierganges“ am Rande des Camps, den begehrten Hirsch geschossen.

Während wir den Hirsch versorgten, kam mir eine ähnliche Begebenheit in den Sinn, die sich einige Jahre zuvor zugetragen hatte. Da hatte ich auf einer der Inseln, welche der Westküste British Kolumbiens vorgelagert sind, mehrere Tage auf Schwarzwedelhirsch gejagt und war trotz aller Mühe, die ich mir gab, leer ausgegangen. Als ich am letzten Abend nach einer anstrengenden Jagd im üppigen Regenwald zu meinem Motel, das am Rande einer kleinen, aus wenigen Häusern bestehenden Ansiedlung, zurückkam, da stand doch, mitten auf dem Rasen vor dem Eingang des Motels, ein starker Schwarzwedelhirsch. Unbeweglich, wie in Stein gehauen, so stand er da, von den letzten Strahlen der untergehenden Sonne beschienen. Diana verteilt ihre Gunst mitunter doch recht willkürlich.

Es war ein Morgen wie jeder andere. Nichts deutete darauf hin, daß sich an diesem Morgen etwas Dramatisches ereignen sollte. Wir waren auf der Schafjagd und früh aus den Schlafsäcken gekrochen, denn wir hatten einen weiten Weg vor uns. Zwei Tage zuvor hatten wir, als wir, viele Kilometer vom Camp entfernt, an einem Fluß entlang ritten, auf einem steilen, schwer zugänglichen Hang hoch über uns, ein Rudel Schafe ausgemacht. Es war schon später Nachmittag, als N. mit dem Spektiv die kleinen hellen Flecken schließlich als Widder ansprechen konnte. Aber da war es schon viel zu spät, um sie an diesem Tag noch anzugehen. Wir verschoben es auf den nächsten Tag. Schafe sind meist ziemlich standorttreu, und wir konnten hoffen, daß sie dort, wo wir sie entdeckt hatten, bleiben oder sich nicht weit davon entfernen würden. Am Rückweg hatte N. ein Caribou geschossen und der nächste Tag verging mit dem Bergen und Versorgen des Wildes. Aber nun war es soweit, und wir trafen die notwendigen Vorbereitungen für den langen Ritt.

John, der für die Pferde zuständig war und auch gelegentlich als Guide einsprang, war, während wir noch beim Frühstück um das Feuer saßen, gefolgt von seinem Hund, einem Labrador, der ihn auf Schritt und Tritt begleitete, losgegangen, um die Pferde, die während der Nacht auf einer Wiese unten am Fluß weideten, zu holen und sie zu satteln. Keinem von uns anderen war aufgefallen, daß er dieses Mal länger als sonst ausblieb. Aber das allein wäre noch kein Grund zur Besorgnis gewesen, denn es war keine leichte Aufgabe, die Pferde, die sich von der Weide, auf der saftiges Grün wuchs, nicht trennen wollten, einzufangen. Ein einzelner Mann hatte damit alle Hände voll zu tun. Erst als der Hund plötzlich im Camp auftauchte und von John weit und breit nichts zu sehen war, wurden wir stutzig. Der Hund ohne John, das war recht ungewöhnlich! Zudem verhielt er sich auch anders als sonst, er machte einen ängstlichen Eindruck und zog die Rute ein. Irgend etwas schien sich dort unten auf der Wiese ereignet zu haben. Mir fiel nun ein, daß wir eine Woche zuvor auf dem Weg vom Hauptcamp zu diesem Außencamp einen Grizzly beim Ausgraben von Murmeltieren beobachtet hatten. Das war zwar weit unten im Tal gewesen, aber immerhin; auch dies hier war „Grizzly country“. Als N. und ich uns entschlossen, hinunter zu der Wiese zu gehen, um nachzusehen, was John veranlaßt hatte, solange auszubleiben und unsere Gewehre aus dem Zelt holten, sah ich, daß John´s „Remington“ an der Zeltwand lehnte. Er war also, was er sonst nicht tat, unbewaffnet zu den Pferden gegangen.

Wir liefen eilig auf dem schmalen Pfad die Böschung hinunter und dann am Ufer des Flußes entlang, bis wir die Wiese erreicht hatten. Sie war leer, da war weder etwas von den Pferden noch von John zu sehen. Wir suchten die ganze Gegend ab und fanden nichts. Dann begannen wir zu rufen, und eben, als wir uns entschlossen, die anderen aus dem Camp zu Hilfe zu holen, hörten wir John´s Stimme. Es dauerte nicht lange, dann hatten wir ihn gefunden. Er war übel zugerichtet. Am schlimmsten betroffen waren seine Beine, von denen die Hose in Fetzen herunterhing. Bis zu den Oberschenkeln hinauf war alles eine blutige Masse. Ein Grizzly hatte ihn, so erzählte er uns, kaum daß er bei den Pferden angekommen war, attackiert. Er hatte es gerade noch geschafft, den nächsten Baum zur Hälfte zu erklettern, aber der Grizzly war ihm, was Grizzlies sonst nicht tun, auf den Baum gefolgt, eben so weit, daß er an John´s Beine herankam.

Wir schafften John ins Camp, und da wir eine Funkverbindung zum Hauptcamp hatten, dauerte es nicht lange, da war der Helikopter da. Ich erfuhr später, daß man John in eine Klinik in Vancouver geflogen hatte. Ich habe ihn nie wieder getroffen.

Freunde haben mir später jedoch erzählt, daß er wieder während der Jagdsaison in einem Camp arbeitet. Ich bezweifle aber, daß er je wieder ohne Gewehr losgeht, um Pferde einzufangen.

Horrortrip in die Coast Range

Daß ein Outfitter durch mangelhafte oder schlampige Organisation seines Betriebes die Chancen des Gastes auf Jagderfolg vermindern oder gar verhindern kann, ist eine bekannte Tatsache und im heutigen Jagdgeschäft ein so häufiges Vorkommen, daß es kaum lohnen würde, darüber auch nur eine Zeile zu verlieren. Kommt dazu noch Fahrlässigkeit und findet eine solche Jagd im Hochgebirge statt, so kann im schlimmsten Fall auch das Leben des Jagdgastes und der übrigen Beteiligten gefährdet sein, und dann hört jeder Spaß auf.

An einem solchen Jagdausflug, und zwar in die Coast Range Britisch Kolumbiens, durch einen in jeder Beziehung überforderten Outfitter mangelhaft und fahrlässig organisiert, hatten mein Freund und ich vor einigen Jahren teilgenommen. Daß es dabei nicht zum Äußersten kam, war keineswegs das Verdienst des Outfitters und der in seinem Auftrag tätigen „Guides“, sondern ausschließlich der Initiative der Jagdgäste selbst zu verdanken, die, als die Situation bedrohlich wurde, die notwendigen und folgerichtigen Entscheidungen trafen.

Wenn hier Kritik geübt wird, so soll keinesfalls die Rede sein von unvorhersehbaren Situationen, wie witterungsbedingten Störungen des Jagdablaufes oder unerwartet eintretenden Zwischenfällen, für die Outfitter und Guide nicht verantwortlich sein können, sondern einfach von Umständen und Tatsachen, die der Outfitter bewußt seinem Gast verschweigt, wie beispielsweise Überbuchungen eines Jagdgebietes mit all ihren negativen Folgen für eine erfolgreiche Jagd, von der Vorspiegelung eines Wildvorkommens, was rein illusorisch war, von mangelhafter Ausrüstung und von unzureichenden Transportmöglichkeiten, von fehlender Abstimmung des Zeitplanes sowie von versäumten Absprachen zwischen Outfitter und Guide, was gegebenenfalls in der oder jener Situation, wie etwa bei einem Wetterumschwung, zu geschehen habe; kurz gesagt: von einem Mangel an Hinweisen zu „vorauszusehenden“ möglichen Gegebenheiten, was wirklich eine Selbstverständlichkeit sein sollte für eine geplante gut verlaufende Jagd.

Schon im Frühjahr hatte ich bei einem Outfitter im Chilcotin eine Jagd auf Muledeer gebucht, und zwar in einer Gegend, die ich von einem früheren Aufenthalt her kannte, und die als gutes Deergebiet galt. Als wir, mein kanadischer Freund und ich, zum vereinbarten Zeitpunkt in dem kleinen Ort in den Bergen des Chilcotin eintrafen, in dem der Outfitter seinen Wohnsitz hatte, und als er uns mitteilte, daß sich noch weitere Jagdgäste mit einem von ihm kurzfristig als Guide angeheuerten Indianer namens Phil in dem von mir gebuchten Gebiet befanden, was bei der Buchung vorher ausdrücklich ausgeschlossen worden war, wäre es eigentlich angezeigt gewesen, die Jagd abzublasen; denn ich kannte das Hochtal, in dem wir jagen wollten und wußte, daß das ziemlich kleine und umgrenzte Gebiet für zwei Jagdgruppen nicht geeignet war, weil Ausweichmöglichkeiten kaum vorhanden waren und weil man somit gezwungen sein würde, auf engem Raum zu jagen, was zur Folge haben mußte, daß das wenige Wild, das dort oben seinen Einstand hatte, bald vergrämt sein würde.

Aber die Jagd war bezahlt, Vertragsbedingungen waren schriftlich nicht festgehalten, und Vermutungen allein, daß beide Jagdgruppen sich gegenseitig stören würden, sind juristisch kein stichhaltiges Argument, um sein Geld zurückfordern zu können. Zudem gelang es dem Outfitter, unsere Bedenken, die wir äußerten, damit zu zerstreuen, daß er mir nachdrücklich versicherte, daß die anderen beiden Jagdgäste, zwei Deutsche und ihr Guide Phil, ihr Camp im Nachbartal aufgeschlagen hätten und von dort aus lediglich auf Schneeziegen aber nicht auf Maultierhirsch jagen wollten.

Der erste Verdacht auf mangelhafte Organisation verstärkte sich, als wir gegen Mittag von unserem Outfitter mit seinem uralten Truck, der bereit schien, jeden Augenblick seinen Geist aufgeben zu wollen, an den Beginn des Horsetrails, der in die Berge führte, gebracht wurden. Dort sollte uns der Bruder des Guides der beiden deutschen Jäger, namens Gary, mit den Pferden erwarten, um uns, noch am gleichen Tag, zur Cabin in dem erwähnten Hochtal in etwa 2500 Meter Höhe zu bringen. Aber als wir den Trail erreichten, waren weder der Indianer Gary noch Pferde da. Auch das wurde von uns noch, ohne dem Outfitter große Vorhaltungen zu machen, hingenommen, allerdings setzten wir ihm ein zeitliches Limit auf 14 Uhr des nächsten Tages. Sollte der Indianer bis dahin nicht erschienen sein, so würden wir abbrechen und nach Hause fahren. Dieser Zeitpunkt schien uns der äußerste zu sein, den Trip noch zu beginnen, wollten wir die Hütte vor Einbruch der Nacht erreichen.

Hätten wir nur unserem Gefühl nachgegeben und wären abgereist, es wäre uns manches erspart geblieben! So aber schlugen wir unsere Zelte auf, der Outfitter verließ uns dann mit der Entschuldigung, noch Vorbereitungen für einen weiteren Jagdgast, der an anderer Stelle auf Elch jagen wollte, treffen zu müssen. Wir selbst verbrachten in der Folge eine kühle Nacht.

Gegen Mittag des nächsten Tages ertönte, statt Hufegeklapper von Pferden, lautes Motorengeräusch und unser Outfitter erschien auf einem „Fourwheeler“ und mimte Erstaunen darüber, daß Indianer und Pferde noch nicht angekommen seien. Längst hätten sie da sein müssen, beteuerte er lebhaft und er könne sich alles nicht so recht erklären.

Das Wetter war herrlich, bei einem völlig klarem Himmel über den Bergen, die in den Hochlagen schon schneebedeckt waren. „Vielleicht wird doch alles noch gut“, meinten wir übereinstimmend und waren wieder versöhnlich gestimmt; schließlich könne ja jeder Zeitplan durch irgendwelche unvorhergesehenen Ereignisse einmal durcheinander geraten!

Dann erschien kurz vor 14 Uhr tatsächlich der Indianer mit den Pferden auf dem Trail. Er war morgens an der cabin losgeritten und hatte einen sechsstündigen Ritt hinter sich. Sein einziger Wunsch war zunächst: Essen und ausruhen! Wer hätte dafür kein Verständnis, wenn er selbst schon einmal einige Stunden auf einem Pferd gesessen hat und daher weiß, wie anstrengend es ist, im schwierigen Gelände zu reiten und noch Packpferde mit sich zu führen. Wir beide hatten es jedenfalls und faßten uns in Geduld. Während der Indianer sein Essen hastig verschlang, entspann sich zwischen ihm und dem Outfitter der folgende Dialog:

Outfitter: „Would you mind to go up again today?“

Indianer: „Sure, I am tired and I want to stay here overnight as you have told me before“.

Outfitter: „But otherwise we will loose our clients and you will be without a job“.

Indianer: „O.k. , in this case I'll go up again, but I don't like it!"

Nun war uns klar, wie die ursprüngliche Vereinbarung zwischen den beiden gelautet hatte und daß nicht vorgesehen gewesen war, uns am Vortag hochzubringen, und auch heute nicht, sondern erst am nächsten Tag. Das stand alles gegen unsere ursprüngliche Vereinbarung. Jedenfalls ritten wir nun, nach einer kurzen Ruhepause für den Indianer, und nachdem die Pferde bepackt waren, endlich los. Es schien wirklich größte Eile angesagt, denn wollten wir die Hütte als Ziel noch erreichen, so mußte dies vor Einbruch der Dunkelheit geschehen. Erfordert das Reiten bei Tageslicht schon größte Aufmerksamkeit, um den an manchen Stellen schlecht gekennzeichneten Trail zu halten und dabei, in den Trail hineinragenden Ästen, die besondere Gefahr für die Augen darstellen, auszuweichen, so ist es im Dunklen noch viel gefährlicher und deshalb so gut wie unmöglich, sich auf dem Pfad sicher zu bewegen.

Wir ritten durch, von einer einzigen kurzen Pause abgesehen, die der Indianer benötigte, um die verrutschte Ladung auf einem der beiden Packpferde in Ordnung zu bringen, und schaffte es eben noch vor Einbruch der Dunkelheit, oben anzukommen. Da stand die alte Cabin, und Rauch stieg aus dem verrußten und durchgerosteten Ofenrohr, das windschief aus dem verwitterten Dach ragte, und Pferde grasten zwischen den hohen Bäumen und begrüßten ihre ankommenden Artgenossen durch freudiges Wiehern. Da lag auch das herbstlich gefärbte Tal vor uns, das mir vom letzten Jahr so vertraut war und mit dem mich gute jagdliche Erinnerungen verbanden.

Nur eines paßte nicht in dieses Bild der Idylle, welches das Herz jedes Jägers höher schlagen lassen muß: Da waren Stimmen, menschliche Stimmen, und sie drangen durch die dünnen Sperrholzwände der Hütte her zu uns, die wir sofort begonnen hatten, unseren Pferden die Sättel abzunehmen, damit sie sich zum Grasen ihren Artgenossen zugesellen konnten. Und da erschienen auch schon drei Gestalten in der beim Öffnen, knarrenden Tür, die ich im letzten Jahr zu reparieren versucht hatte. Wer konnte es anders sein als die beiden deutschen Jäger und ihr Guide Phil, und so war es denn auch. Wir sahen uns an, begrüßten uns, und das Erstaunen war auf beiden Seiten gleich groß, denn auch sie hatten uns keinesfalls hier erwartet. Nein, von einem Außencamp würden sie nicht jagen, sondern hier in der Cabin hätten sie ihren Stützpunkt eingerichtet, von dem aus sie täglich das Hochtal hinaufstiegen, bis zu dem Gletscher und noch weiter, um nach Schneeziegen Ausschau zu halten. Es war nun nichts mehr daran zu ändern! Unser beider Outfitter hatten uns vor vollendete Tatsachen gestellt, und die waren alles andere als günstig.

Nun könnte einer sagen, es wird schon nicht so schlimm sein, denn da sollte doch für jeden Platz genug zum Jagen sein, was ja auch im allgemeinen so ist, aber hier lag eben eine besondere Situation vor: Die Hirsche hielten sich während des Herbstes in diesem Hochtal auf, und nur hier konnte man sie bejagen, weil sich Wiesen und Hänge oberhalb der Baumgrenze befanden, und weil man hier die nötige freie Sicht hatte. Im dichten Wald, der das Tal einschloß, war die Jagd auf Hirsche nicht möglich, denn da konnte man sie nicht sehen und anpirschen. Drei Tage bereits hatten die Deutschen und ihr Guide von der Cabin aus gejagt, waren jeden Morgen das Tal hochgestiegen, um in das Schneeziegengebiet zu gelangen, von jedem Hirsch, der sich irgendwo auf den freien Hängen befand, auf sehr große Entfernung zu erkennen, und waren am späten Nachmittag auf demselben Weg zur Cabin zurückgekehrt. Diese von ihnen verursachte ständige Beunruhigung des Wildes konnte nicht ohne Folgen geblieben sein. Und in der Tat, das Tal war offensichtlich total „leergepirscht" worden! Wen wundert es, daß wir in den nächsten Tagen nicht ein einziges Muledeer zu Gesicht bekamen. Daß es hier oben welche gab, das stand jedenfalls außer Zweifel, aber sie hatten sich eben davongestohlen. Sieben Personen, die sich nun, uns beide eingeschlossen, hier oben befanden, dazu eine stattliche Anzahl von Pferden, die sich frei in der Umgebung der Hütte bewegten, der permanente Lärm durch das Hacken und Herbeischaffen beträchtlicher Mengen von Feuerholz, um das stetig brennende, große Campfeuer vor der Cabin zu unterhalten, waren einfach zu viel der Unruhe für die in der Feistzeit jede Störung übelnehmenden Hirsche. Da half auch kein noch so intensives Jagen, kein ausdauernder Ansitz und keine mühevolle Pirsch: Wir sahen kein einziges Stück Wild!

Wie anders war es doch im Jahr zuvor gewesen: Da waren wir pünktlich an einem klaren Morgen unten im Tal aufgebrochen und hatten nach einem angenehmen, durch mehrere Pausen unterbrochenen Ritt die Cabin am frühen Nachmittag erreicht. Niemand war damals in den letzten Wochen dort oben gewesen, und das Hochtal lag noch unberührt und ungestört vor uns. Da standen dann auch Hirsche auf den steilen Hängen, die das Tal umgaben, und man konnte sie mit freiem Auge beim Äsen beobachten, und am nächsten Morgen schon schoß ich einen alten „Fourpointer". Den darauffolgenden Tag verließen wir das Hochtal und die Deer hatten wieder ihre Ruhe.

Immerhin gab es doch noch ein erfreuliches Ereignis. Einer der deutschen Jäger schoß eine Schneeziege, einen guten Billy. Aber Schneeziegen sind nun einmal keine Hirsche. Sie sind standorttreu und weit weniger für Störungen und Beunruhigungen ihres Einstandgebietes empfindlich als Hirsche. Sind sie einmal bestätigt, so ist ihr Schicksal so gut wie besiegelt.

Am nächsten Morgen ritt Phil los, um die Decke der Schneeziege nach unten zu bringen und weitere Vorräte heraufzuholen. Am nachfolgenden Tag wollte er dann wieder zurück sein.

Aber da schlug plötzlich das Wetter um. Bleigraue Wolken zogen am Himmel auf, die zwar zunächst nur die Gipfel der hohen Berge umhüllten, doch dann allmählich das ganze Hochtal ausfüllten Ein feiner Nieselregen fiel, der schließlich sogar in ein Schneegestöber überging, das die ganze Nacht anhielt. Am nächsten Morgen lag bereits ein halber Fuß der weißen Pracht, und es schneite weiter! Was war zu tun? Sollten wir das Camp abbrechen und nach unten reiten, um dem Risiko, hier oben eingeschneit zu werden, zu entgehen oder weiter auf Phil warten? Gary war unentschlossen, was er tun sollte. Hatten etwa keinerlei Absprachen zwischen ihm, seinem Bruder Phil und dem Outfitter stattgefunden, was bei schlechtem Wetter zu geschehen habe? Es schien fast so zu sein, denn Gary zögerte eine Entscheidung hinaus, er hoffte wohl immer noch damit, daß Phil bald erscheinen werde.

Eine weitere Nacht verging, auf die ein neuer grauer Morgen folgte. Noch immer wirbelte der Wind dicke, nasse Schneeflocken über die verschneiten Hänge in das Tal, und Gary stand wie an jedem Morgen, die unvermeidliche Kaffeetasse in der Hand, am Feuer und blickte besorgt hinaus in das Schneegestöber. Man konnte ihm deutlich ansehen, wie schwer es ihm fiel, ohne seinen Bruder Phil zur Seite, einen Entschluß zu fassen. Es verging noch eine ganze Weile, bis er plötzlich begann, seine Sachen zusammenzutragen und uns bedeutete es ihm gleichzutun.

Nun endlich wußten wir, was Sache war, hatten es aber eigentlich schon geahnt. Es ging nach unten! Aber da ergab sich ein neues Problem, und das betraf die Anzahl der Pferde, denn nur halb so viele, als nötig gewesen wären, standen noch zur Verfügung. Phil hatte drei davon, sein eigenes und zwei Packpferde, mit nach unten genommen, und die fehlten nun. Die wenigen, die noch da waren, mußten mit der umfangreichen Campausrüstung, den Zelten, den restlichen Vorräten und den Schlafsäcken beladen werden, und das bedeutete, daß kein einziges mehr für uns als Reitpferd übrig bleiben würde. Damit nicht genug: Auch unsere Rucksäcke mußten wir, randvoll bis an die Grenze der Tragfähigkeit, packen, und trotzdem blieb noch so manches in der Cabin zurück, wohl bald ein sicheres Opfer der „packrats“ werdend.

Und so zogen wir los, nicht einmal ein letzter Blick auf das herrliche Tal war uns vergönnt, denn es war wolken- und schneeverhangen.

Der Trail war inzwischen zugeschneit, und selbst der Indianer hatte seine liebe Mühe, ihn zu halten. Da gab es manche Verzögerung, bis wir wieder die wegweisende Markierung an einem der Bäume gefunden hatten und es weitergehen konnte, voran allein Gary zu Pferde, die beiden Packpferde hinter sich führend, und wir mit unseren schweren Rucksäcken hinterher. Was anfangs reiner Spaß war, munter und ausgeruht hinter den Pferden herzulaufen, wurde bald bitterer Ernst, als die ersten längeren Steigungen kamen und als die Riemen der überpackten Rucksäcke schwer in die Schultern schnitten. Ging es steil bergauf, so kam man unter der Last, die man schleppte, ins Schwitzen und fror dann wieder erbärmlich, wenn der Trail längere Zeit bergab führte.

So verging eine Stunde um die andere, und es schneite unverdrossen weiter. Am Nachmittag hatten wir endlich das kleine Hochmoor im Wald erreicht, das auf halbem Weg zwischen der Cabin und dem unteren Tal lag. Ein Feuer wurde entfacht, denn wir froren erbärmlich und hatten keinen trockenen Faden mehr am Leib. Ein kurzer Aufenthalt am Feuer täte uns gut, so dachten wir. Trokkenes Brennholz zu finden war aber nicht leicht, doch schließlich loderten die hellen Flammen, und wir stellten uns so dicht an sie heran, daß unsere nasse Kleidung bald zu dampfen begann.

Da plötzlich: Lautes, freudiges Wiehern unserer Pferde, das aus dem Wald heraus beantwortet wurde. Erstaunt blickten wir auf und sahen auch schon Phil mit seinen Pferden zwischen den Bäumen auftauchen. Einen Plastiksack als Schneeschutz über den Oberkörper gestülpt, die Wollmütze tief ins Gesicht gezogen, so ritt er zu uns ans Feuer. Er war genauso überrascht wie wir, hatte er uns doch noch oben vermutet und war auf dem Weg dorthin.

Was wir als kurze Aufwärmpause gedacht hatten, war nun für die beiden Indianer Anlaß für ein längeres Palaver. Dabei wurde doch ernstlich von den beiden erwogen, ob nicht wieder nach oben gegangen werden sollte; denn nun wären ja wieder genügend Vorräte vorhanden, und der Schnee würde in einigen wenigen Tagen wegtauen, so jedenfalls war die Meinung von Phil. Uns aber kam dieses Vorhaben so wirklichkeitsfremd vor, daß wir es für einen schlechten Scherz hielten. Wir Jäger waren uns schnell einig und gaben unserer Meinung unmißverständlich Ausdruck: Nicht nochmals nach oben, sondern nach unten wollten wir und wollten auch noch bei Tageslicht unten ankommen; denn was wir uns wünschten und auch dringend nötig hatten, war eine gut beheizte Stube und ein warmes Bett.

Ein forschender Blick auf die Uhr zeigte, daß die Zeit drängte, und so mahnten wir zum Aufbruch, und als die beiden sich einfach nicht vom Feuer trennen konnten, zogen wir schon los, denn der Weg war nun nicht mehr zu verfehlen.

„Ja, wo gibt`s denn so was?“, könnte sich einer fragen, ein Guide läßt seine ihm anvertrauten Jagdgäste losziehen, ohne sicher sein zu können, ob sie, auf sich allein gestellt, auch zurecht kommen und den Weg finden, nur weil er selbst noch gerne am Feuer bleiben und sich unterhalten will? Aber es paßte auch hier gut in das Gesamtbild dieses denkwürdigen „Jagdausfluges“, und es war, wie der Leser schon bemerkt haben muß, nicht die einzige Sonderlichkeit.

Nach zwei Stunden strammen Marschierens, da war das Rauschen des Flußes vor uns zu hören, und wir wußten nun, daß unser Ziel, der Beginn oder, besser gesagt, das Ende des Trails, nicht mehr weit war. Wir hatten eben das kniehohe, weißschäumende Wasser durchwatet, als uns die beiden Indianer, hoch zu Roß, einholten. Die dachten doch allen Ernstes daran, eine weitere Pause einzulegen, obwohl es bereits dämmrig war und wir immer noch eine Stunde zu gehen hatten! Längst war der Schnee in einen kalten Regen übergegangen, und der war noch viel unangenehmer als das Schneien zuvor. Wer wollte dem nicht, so rasch als möglich, entgehen! Wir ließen uns daher nicht beirren und gingen weiter. Eine Stunde später hatten wir das Ende des Trails erreicht, aber das bedeutete noch keine Rettung aus allem Ungemach, denn da stand zwar ein Truck, nämlich Phil's alter offener Pferdetransporter, aber der war, wie wir erst jetzt erfuhren, zusammengebrochen und absolut fahruntüchtig. Wir entzündeten ein Feuer, während Phil daranging, den Truck notdürftig zu reparieren, und nach einer Stunde hatte er es tatsächlich geschafft. Die beiden Indianer stiegen in die Fahrerkabine und wir anderen auf die offene Plattform. Und wenn jetzt noch ein kleiner Rest von Wärme in unseren Körpern war, dann ging er während der einen Stunde auf der offenen Ladefläche des Trucks durch den Fahrtwind verloren.

Es war 23 Uhr, als wir, bedenklich unterkühlt und erschöpft, den kleinen Ort unten im Tal erreicht hatten und das einzige Motel, das es da gab, anfuhren. Die Lichter waren schon aus, und auf unser Klingeln steckte der Motelbesitzer nur mürrisch seinen Kopf aus dem Fenster, um uns, lakonisch abwehrend mitzuteilen, daß alles besetzt sei, was zu bezweifeln war, denn es gab keine parkenden Autos vor dem Motel zu sehen.

Wir haben dann schließlich doch noch eine wärmende Stube gefunden, und das knisternde Feuer in einem überdimensionalen Ofen brachte, wenn auch langsam, unsere Lebensgeister wieder zurück. Fragte uns doch einer am nächsten Tag, als wir an einer Tankstelle hielten, ob wir denn von einem „holiday trip" kämen. „No", murmelte mein Freund, „it was more a horror trip!"

Ich will es keinem übelnehmen, der dies als Jägerlatein ansieht, aber, so unglaublich es auch klingen mag, es ist die reine Wahrheit: Es war auf einer Schaffarm in Neuseeland, einer sog. „Station", wie große Farmen dort genannt werden. Wir jagten auf Rothirsche und es war ein herrlicher Morgen, als wir losfuhren, um im Nomansland nach Wild Ausschau zu halten. Wir hatten schon einige Paddocks durchquert, in denen Schafe weideten. Diese weißen Flecken im frischen Grün der Wiesen gehörten dort sozusagen zur Landschaft. Aber da war plötzlich inmitten der weißen Flekken, die über das hügelige Gelände verstreut waren, ein schwarzes Etwas zu erkennen, das dort nicht hingehörte. Jedenfalls war es kein Schaf, denn schwarze Schafe hielt man auf dieser Station nicht. Aber es gab reichlich Schwarzwild auf dem Farmland, und was sich zwischen den Schafen zu schaffen machte, konnte eine Sau, vielleicht sogar ein Keiler sein.

Es war tatsächlich ein Keiler und kein kleiner! Wir hatten inzwischen den Geländewagen verlassen und uns an den Weidezaun herangepirscht, den ich als Auflage beim Schießen benützen wollte. Der Keiler bewegte sich auf einem Abhang, unter- und oberhalb von ihm lagen und standen Schafe.

Es war nicht schwer, ihm die Kugel aufs Blatt zu setzen. Und dann geschah es: Der Keiler kam auf dem Hang ins Rutschen, überschlug sich mehrmals, gewann an Fahrt, rollte schließlich genau auf ein unterhalb von ihm ruhendes Schaf zu auf dem er schließlich zum Liegen kam. Als wir hinkamen, war nicht nur der Keiler, sondern auch das Schaf verendet.

Es war das erste Mal, daß ich mit einem Schuß zwei Stücke „Wild" erlegt hatte.

Eine verhinderte Bärenjagd

In jenem Frühjahr wollte es mit der Bärenjagd einfach nicht klappen. Dabei hätte es so leicht sein können, wenn da nicht einiges schief gegangen wäre. Und das war so: Als ich den ersten Bären vor mir hatte, war ich noch ohne Jagdlizenz und mußte mich damit begnügen, einige Fotos von ihm zu schießen. Ich konnte ja schließlich nicht, ohne die Berechtigung zu besitzen, einfach einen Bären auf die Decke legen, denn in der Gegend von P. R. ohne Lizenz zu jagen, ist höchst riskant. Die Stadt hat nämlich einen sehr eifrigen und pflichtbewußten „gamewarden", der, wie W. mir sagte „seine Augen überall hat". Es war auch von vornherein gar nicht meine Absicht gewesen, illegal zu jagen, ganz im Gegenteil: Ich bemühte mich, gleich nach meiner Ankunft in Britisch Kolumbien, eine Jagdlizenz zu erwerben, ein an sich sehr einfacher Vorgang, und ging am gleichen Morgen in den „Blackpoint Store", einem kleinen Drugstore auf der Straße nach P. R., um mir eine allgemeine Jagdlizenz, eine Angellizenz und ein „beartag" zu lösen, wie sich das gehört und wie ich das auch stets tue! Aber da war nur eine Aushilfsverkäuferin im Laden, eine Schülerin, die mir zwar die Angellizenz ausstellte, sich aber strikt weigerte, mir auch eine Jagdlizenz zu verkaufen. Sie tat dies mit der Begründung, daß sie keine Erfahrung mit Jagdlizenzen habe und deshalb keinen Fehler machen wolle.

So zog ich also ohne Lizenz los, wollte einfach raus und nicht untätig zuhause zu sitzen und fuhr wieder den Weg zurück, bis die Straße zum Lois Lake abbiegt. Ich hielt mich am nördlichen Ufer des Sees, passierte den Khartoum Lake und ließ, als ich am Ende des dritten Sees angekommen war, meinen Wagen stehen. Von hier lief ich zu Fuß weiter. Ein Weg führt dort das Tal hoch, das ein schnell fließender Gebirgsbach durchzieht. Ich nahm den Weg links vom Fluß, denn ich wußte von früheren Jahren her, daß auf dieser Seite des Tals die Sonne während des Tages am längsten einwirkte, so daß die Lachsbeeren hier am größten und süßesten waren. Die Bären sollten zu dieser Jahreszeit gerade hier zu finden sein. Alte „logging roads" führen beidseits des Flußes das Tal hoch, das gegen den Mount Diadem ansteigt, der sich am Ende des Tales erhebt und seinen Abschluß bildet. Der Wald auf den Bergen, die das Tal umgeben, ist fast vollständig abgeholzt; riesige Kahlschläge bedecken die Hänge und ziehen sich bis an die Baumgrenze hoch, wo gerade noch ein schmaler Streifen dünnstämmiger Bäume steht, der wohl des Schlagens nicht wert war, da Kosten und Profit nicht im richtigen Verhältnis zueinander standen. Das Abholzen hat sich hier noch in einer Zeit abgespielt, als „Logging companies", wie „Mc Millan Bloedell" übermächtig waren und selbstherrlich nach eigenem Gutdünken Holz schlagen konnten, wie und wo immer sie wollten. So wurde der älteste und wertvollste Baumbestand geschlagen, Wege und Straßen in die Wildnis vorgetrieben, die jetzt dort, wo es keinen Wald mehr gibt, allmählich wieder von der Natur übernommen werden. Heute wäre dieser Frevel nicht mehr möglich. Öffentlichkeit und Behörden in Britisch Kolumbien sind für den Naturschutz sensibler geworden, und Umweltschäden dieser Größenordnung treten kaum mehr auf, wenn auch, was Menge und Art des Holzeinschlages betrifft, noch längst nicht alles in Ordnung ist und immer noch zu viele der jahrhundertealten Bestände des Küstenregenwaldes der unersättlichen Motorsäge zum Opfer fallen. Jedes Jahr, wenn ich in diese Gegend komme und die Coast Range überfliege, muß ich feststellen, daß der Wald wieder ein Stück kleiner geworden ist. Von den uralten Zedern und Hemlocktannen, die zu Tausenden in diesem Tal gestanden haben mögen, sind nur bizarr geformte Wurzeln und verkohlte Stümpfe übriggeblieben, die aus dem Buschwerk herausragen.

Manche dieser verkohlten Baumstümpfe sehen aus der Ferne Schwarzbären zum Verwechseln ähnlich, und man muß schon gut aufpassen und einen Blick dafür entwickeln, um nicht ständig genarrt zu werden. So greift man viel öfter als sonst zum Fernglas, um dann, nach längerem Hinsehen, enttäuscht festzustellen, daß da, anstelle des vermeintlichen Bären, nur ein schwarzer Stumpf steht.

Ich blieb also, wie gesagt, auf der linken Seite des Tales und stieg den Hang langsam hoch. Da in den letzten Jahren kein Holz mehr geschlagen wurde, hält man den Weg auch nicht mehr instand. Büsche und junge Bäume, vor allem Erlen, wachsen seitlich hoch, und Äste von Lachsbeerensträuchern neigen sich unter der Last der Früchte in den Weg hinein. Das Tal ist beidseits von hohen Bergen umgeben. Über der Baumgrenze türmen sich steile, verwitterte Felswände auf, und riesige Geröllfelder, bedeckt mit toten Bäumen, die aus der Ferne wie ausgestreute Streichhölzer aussehen, breiten sich darunter aus. In den vor der Sonne geschützten Schluchten und Spalten liegt noch Schnee. Auf den Kahlschlägen wachsen jetzt Büsche und Sträucher, aus denen das „fireweed“, das sich als erstes auf Kahlschlägen breit macht, tiefrot herausleuchtet.

Ich hielt im Gehen Ausschau nach Wild: Bären und Blacktaildeer kommen in dieser Gegend hauptsächlich vor, und es gibt auch einige Schneeziegen in den Bergen um den Mt. Diadem. Aber es wirkte alles irgendwie verlassen, ja, wie ausgestorben schien die ganze Landschaft; kaum daß ein paar Vogelstimmen zu hören waren. bloß das Rauschen des Flußes, das, wenn der Weg sich wieder dem Fluß näherte, stärker wurde, drang an mein Ohr. Daß Bären hier sein mußten, war leicht zu erkennen: Überall lagen große Haufen von Losung, dunkelgefärbt und mit hellen, unverdauten Kernen der Lachsbeeren durchsetzt. Abgebrochene und zur Seite gedrängte Äste, manchmal in den Busch gebrochene Pfade waren sichere Zeichen der Anwesenheit von Schwarzbären. Hin und wieder drückte sich auch die Fährte eines Bären tief in den weichen, lehmigen Boden. Wo Büsche und Erlen zurücktraten und den Blick auf die Hänge freigaben, da blieb ich stehen und nahm mein Glas zur Hand, langsam und sorgfältig alles ableuchtend. In der Ferne ragte der spitze Gipfel des Mt. Diadem, des höchsten Berges dieser Gegend, wie eine Felsnadel in den Himmel; er war noch in Morgendunst getaucht. Unterhalb des Gipfels, wo sich, zwischen glatten grauen Felswänden, grüne Wiesen ausbreiteten, hatte ich vor einigen Jahren, als ich hier auf Blacktaildeer jagte, Schneeziegen gesehen. Aber noch war ich so weit vom Berg entfernt, daß ich, auch mit dem Glas keine Einzelheiten erkennen konnte. Nach einer weiteren Stunde Marschierens aber war ich dem Berg so nahe gekommen, daß ich nach ihnen Ausschau halten konnte. Und in der Tat, da waren sogar mit freiem Auge einige weiße Punkte in den Felswänden zu sehen. Das konnten nur Schneeziegen sein! Eigenartig schien mir, daß sie nicht in den oberen Regionen, sondern ziemlich weit unten standen. Wußten sie instinktiv, oder mehr aus Erfahrung, daß sie auf dieser Seite des Berges sicher waren? Sie zu bejagen, war nämlich nur dort erlaubt, wo die Südflanke des Berges in das Jervis Inlet abfällt. Aber dorthin zu gelangen, war wohl ein so schwieriges Unterfangen, daß es bisher noch kein Jäger versucht hatte: Von Norden her war nämlich die steile Flanke des Mt. Diadem zu durchsteigen, um zunächst auf den Kamm und von da auf die dem Jervis Inlet zugewandte Seite des Berges zu kommen. Kam man aber von Süden, vom Meer her, so lag zunächst der breite Gürtel des Küstenregenwaldes wie eine Barriere vor einem, die zu überwinden schier unmöglich erscheint.

Hier im oberen Teil des Tales, wo ich mich jetzt befand, schienen mir die Lachsbeeren besonders groß zu sein. Gelb und rot leuchteten die Früchte aus dem dunklen Grün der Blätter, und unter der Last der Beeren neigte sich mancher Zweig fast bis zum Boden hinab. Stachelige Ranken von Brombeersträuchern schlängelten sich in den Pfad hinein; ihre weißen Blüten waren von Bienen umsummt. Und überall gab es reife Huckleberries, die von den Bären besonders geliebt werden. Der Tisch der Natur war also reich gedeckt, Nahrung für Bären im Überfluß vorhanden. Da und dort hatten sie alte verrottete Baumstämme zur Seite gerollt und unter ihnen nach Käfern, Larven und Engerlingen gesucht, die ihre gewöhnliche Nahrung abwechslungsreicher machen.

Dieses Tal schien ureigenes Bärenland, und ich nahm mir fest vor, die nächsten Tage, wenn ich meine Jagdlizenz hatte, wiederzukommen. Vielleicht hätte ich doch lieber in den Ort hinein fahren sollen, wo mir jedes Sportgeschäft eine solche Lizenz ohne Probleme ausgestellt hätte, denn wenn mir jetzt ein Bär über den Weg liefe und ich mir diese Gelegenheit entgehen lassen müßte, wäre das mehr als ärgerlich. So ungefähr ging es mir durch den Kopf, als ich den Weg langsam weiterging. Aber es war doch auch so eine Freude, an einem solchen Tag hier draußen zu sein:

Das Wetter war wirklich herrlich! Der Himmel leuchtete tiefblau, und nur einige kleine weiße Wolken zogen langsam über mich hinweg. Um mich herum raschelten die Büsche im leichten Wind. Zwar war es für die Jahreszeit zu kühl, und man spürte auch noch die Kälte der vergangenen Nacht, aber zum Wandern und Steigen schien die kühle, frische Luft gerade recht.

Ich hing immer noch so meinen Gedanken und Spekulationen über eine möglicherweise verpaßte Chance nach, als es eintrat: Die Büsche teilten sich, und ein schwarzer Körper schob sich langsam auf den Weg. Es war ein ungewöhnlich großer Schwarzbär mit in der Sonne glänzendem Fell, der mir da gegenüberstand und zu mir her äugte. Er schien mich aber nicht recht wahrzunehmen. Oder ignorierte er mich? Jedenfalls kam er mit seinen geschmeidigen Schritten auf mich zu, wobei er sich ohne Eile einige Zweige mit Lachsbeeren an den Fang heranzog und die Früchte dann, genüßlich schmatzend, verspeiste. Das alles konnte ich sehen und hören. Ja, er kam sogar so nahe auf mich zu, daß ich in seinem geöffneten Rachen deutlich die weißen Zähne blitzen sah. Wie zur Salzsäule erstarrt, stand ich da. Ob ich Angst hatte, werden Sie vielleicht fragen? Um die Wahrheit zu sagen, ich war recht beunruhigt, einem so großen Bären auf so kurze Distanz ohne Waffe gegenüber zustehen, denn das war mir bisher noch nie vorgekommen! Wenige Tage zuvor aber hatte ich in der Zeitung den Bericht über einen Schwarzbären gelesen, der einen Mann in seinem Zelt angegriffen und getötet hatte.

Daß nicht nur Grizzlies, sondern auch Schwarzbären unberechenbar und aggressiv sein können ist weniger bekannt. Meistens soll es sich dabei um Bären handeln, die bereits mit Menschen Kontakt hatten und ihre angeborene Scheu vor ihnen verloren haben. Wie sollte ich aber wissen, ob nicht auch dieser Bär sich etwa, irgendwo in der Nähe eines Holzfällercamps, herumgetrieben hatte und an menschliche Witterung gewöhnt war? Das alles lief mir blitzschnell durch den Kopf, als der Bär immer näher kam, offensichtlich immer noch, ohne mich zu bemerken.

Bären äugen zwar bekanntlich schlecht, dafür haben sie aber einen hervorragenden Geruchssinn! Da der Wind mir entgegenkam, hatte dieser Bär vermutlich keine direkte Witterung von mir. Ich wollte mich schon durch lautes Rufen bemerkbar machen, um einen direkten Kontakt mit dem Bären zu vermeiden, als er den Weg verließ, um in den Büschen zu verschwinden. Dabei hatte er es gar nicht eilig. Er verhielt noch einmal am Wegrand, um ein paar Lachsbeeren zu verspeisen, dann aber tauchte er in den Büschen unter. Ich war jetzt doch ziemlich erleichtert, daß es nicht zu einem möglicherweise gefährlichen Zusammenstoß mit ihm gekommen war. Aber irgendwie war ich auch schon wieder unzufrieden, da mir, wie ich jetzt meinte, eine sichere Chance entgangen war, und dies nur, weil ich vorher zu bequem gewesen war, das nächste Sportgeschäft aufzusuchen und eine Jagdlizenz zu kaufen, die man mir, wie erwähnt, in dem einfachen Drugstore verweigert hatte. Wann wieder würde sich mir eine solche „todsichere“ Gelegenheit bieten? Es war immerhin schon der 2. Juni, und die Jagdsaison auf Frühjahrsbären dauerte nur bis zum 15. Juni! Also blieben mir bloß noch zwei Wochen, die eifrig zu nutzen, ich mir vornahm. Wenn mir bereits am ersten „Jagdtag“ ein Bär so einfach über den Weg gelaufen war, so sollte es doch kein Problem sein, in den noch verbleibenden zwei Wochen einen anderen Bären, jetzt bewußt, ausfindig zu machen.

Aber leider sollte es anders kommen, als ich erwartet und gehofft hatte. Ich jagte und jagte, pirschte und saß an, und es tat sich nichts! Wo ich auch hinkam, fand ich zwar viele Beweise, daß Bären in diesem Gebiet anwesend waren, aber ich bekam sie einfach nicht zu Gesicht. Ich war, wenn es das Wetter zuließ, jeweils den ganzen Tag unterwegs gewesen – denn Bären kann man nicht nur morgens und abends, sondern auch tagsüber jagen. Mehrmals wechselte das Jagdgebiet und ließ mir von Freunden, welche die Gegend besser kannten als ich, die aussichtsreichsten Plätze nennen, aber alles blieb vergeblich.

Inzwischen war der 15. Juni, der letzte Tag der Jagdsaison auf Bären, nahegerückt, und ich hatte, außer bei dem einen Erlebnis, keinen weiteren Bären mehr erblickt. Stetes frühes Aufstehen und spätes Zubettgehen, zusammen mit dem mangelnden Jagdglück, ließen meine Laune zunehmend schlechter werden. Schließlich war ich soweit, daß ich einfach aufgeben wollte. Ich verließ zwei Tage mein Domizil nicht mehr, las oder beschäftigte mich mit Gartenarbeit. Am letzten Jagdtag aber hielt es mich doch nicht länger im Haus: Sehr früh fuhr ich mit dem Auto in eine Gegend, in der ich zuvor noch nicht gewesen war, die mir aber auch als gutes Bärengebiet beschrieben worden war. Es war ein klarer Tag. Der Morgen war kühl, die Luft, die der Wind vom Meer herbrachte, war frisch und roch nach Salz und Tang. Dumpf tönten die Sirenen der großen Lastkähne zu mir herüber, welche durch die „Malaspina Strait“ fuhren.

Ich hatte den Wagen abgestellt, als der Weg immer schlechter wurde, so daß ich schon auf Vierradantrieb hatte schalten müssen. Von hier aus war man zu Fuß besser dran als mit dem Auto. Es war auch nicht mehr weit bis zu einer Rodung, wo vor Jahren Holz geschlagen worden war und die jetzt dicht mit Büschen bewachsen war. Brombeeren, Huckleberries und vor allem Lachsbeeren wuchsen hier im Wettstreit miteinander. Solche Kahlschläge, so katastrophal sie für Landschaft und Ökologie, wie der Mensch sie sieht, auch sein mögen, wirken auf das Wild wie ein Magnet auf Eisen. Hirsch, Elch und Bär geben sich auf manchen von ihnen ein richtiges Stelldichein. Die Lichtung lag jetzt voll in der Morgensonne. Alles erschien daher wie in ein mildes gelbes Licht getaucht. Dicke Tautropfen glitzerten an den Gräsern und Büschen, und das Grün ihrer Blätter leuchtete hell vor der dunklen Wand des Waldes, der überall die Lichtung umgab. Tauben gurrten in den hohen Fichten am Waldrand. Diese scheuen und wachsamen Vögel sind, wie die Schwarzbären, große Liebhaber der Lachsbeeren, und man trifft sie deshalb oft gemeinsam in Gebieten an, wo diese Früchte gerade reif sind. Kaum hatte ich die Lichtung betreten, als die Tauben mich auch schon erspäht hatten und sich plötzlich mit lautem Flügelklatschen gemeinsam erhoben, so daß ich erschreckt zusammenfuhr. Ich ging langsam den Pfad entlang, der fast vollständig zugewachsen war und der mitten durch die Lichtung führte, dabei aufmerksam um mich blickend. Die Büsche standen jetzt so dicht, daß man nur wenige Meter weit sehen konnte. In einer solchen Umgebung zu jagen, erfordert es, sehr langsam zu pirschen, um möglichst keine Geräusche zu verursachen, denn hinter jedem

Busch kann sich Wild verbergen. Ich setzte daher Fuß vor Fuß, und dank des feuchten Bodens waren meine Schritte kaum zu hören. Überall hatten Bären wieder ihre Visitenkarte hinterlassen, Losung lag in kurzen Abständen auf dem Pfad, und geknickte Zweige an den Beerensträuchern gab es reichlich. Und: alle diese Zeichen waren frisch!

Ich war inzwischen, noch behutsamer bis zur Mitte der Lichtung gekommen, als ich plötzlich links von mir eine Bewegung in den Büschen sah: einige Zweige schwankten so stark, daß dies nicht der Wind verursacht haben konnte. Das konnte nur ein Tier, entweder ein Hirsch oder ein Bär verursacht haben. Am wahrscheinlichsten schien mir, daß hier ein Bär am Fraß war. Der betreffende Busch war zwar nur wenige Meter neben dem Pfad, aber ich konnte, so sehr ich mir auch den Hals verrenkte, durch das Gewirr von Ästen und Blättern zunächst noch nicht hindurchblicken. Ich tat daher noch einige vorsichtige Schritte nach vorn und hatte durch eine Lücke im Dickicht jetzt in der Tat eine bessere Sicht. Ich erkannte vage etwas Großes und Schwarzes, welches sich an einem Beerenstrauch zu schaffen machte. Das war aber auch alles, was ich zu erkennen vermochte. Obwohl schon fast zum Greifen nahe, konnte ich an der „schwarzen Masse" vor mir keine Einzelheiten erkennen. Was tat ich jetzt nicht alles, um mir einen besseren Überblick zu verschaffen. Ich bog mich ohne Geräusche zu verursachen nach allen Seiten, ging gar auf die Knie, aber es half nichts! Ich war mir jetzt zwar ganz sicher, daß ich einen Bären vor mir hatte, aber ob es sich um einen männlichen Bären oder eine Bärin, vielleicht gar ein führende, handelte, das herauszufinden, blieb mir versagt. Ich hatte also keine andere Wahl, als stehen zu bleiben und zu warten. Hatte ich Glück, so kam der Bär die wenigen Schritte auf den Pfad noch heraus. Aber diesen Gefallen tat er mir nicht. Nach einigen Minuten, die mir aber wie eine Ewigkeit erschien, zog er sich in entgegengesetzter Richtung zurück. Noch ein leises Rascheln von Zweigen, ein entferntes Knacken von Ästen, dann war es wieder still um mich.

Ich lief jetzt, alle Vorsicht außer Acht lassend, auf eine kleine Anhöhe hinauf, die sich vor mir erhob und von der aus ich dann einen guten Überblick hatte; aber der Bär blieb verschwunden. Er hatte mich wohl doch bemerkt und war davongeschlichen. Meine lange Anspannung wich einer tiefen Enttäuschung. Ein Quentchen mehr Glück, und der Bär hätte mir gehören können! Aber Diana kann eben recht launisch sein und verteilt ihre Gunst oft mit Willkür. So blieb es mir versagt, als krönenden Abschluß einer für mich spannenden Jagdzeit, die begehrte Trophäe mit nach Hause zu nehmen. Aber: sind nicht manchmal erlebnisreiche Jagden ohne Trophäe befriedigender als eine zu leicht erbeutete Trophäe ohne erlebnisreiches Jagen?

Ob ich nicht verärgert war, nach all dem was mir widerfahren war, werden Sie vielleicht fragen? Na und ob ich das war! Schließlich hatte ich viel Zeit aufgewendet und eine lange Autofahrt sowie erhebliche Kosten auf mich genommen, um auf „blacktails" jagen zu können und als ich dann endlich, eines abends, durch glückliche Umstände bedingt, zwei gute Hirsche erlegt hatte, mußte ich am nächsten Morgen die bittere Erfahrung machen, daß ein Bär sie mit allem Drum und Dran verschleppt hatte, so daß sie für mich verloren waren und ich letztendlich auf diesem Jagdausflug, zumindest was „blacktails" betraf, leer ausging. Was kann einem Jäger schon Schlimmeres geschehen, als daß ihm Wildpret und Trophäe einer begehrten Wildart, die zu erlegen er sich schon lange gewünscht hatte, auf so widrige Art und Weise verloren gehen?

Natürlich hatte ich auch eine gute Portion Schuld daran, daß es so gekommen war! Ich wußte ja schließlich, daß es reichlich Bären in dieser Gegend gab und daß sie Wildpret keinesfalls verschmähten, aber daß von ihnen in einer einzigen Nacht zwei ausgewachsene Blacktailhirsche, ein guter „eightpoint" und ein „sixpoint" gestohlen würden, so daß ich am nächsten Morgen nicht mehr als ein paar Tropfen Schweiß und ein paar Haare vorfinden würde, das hätte ich mir doch nicht träumen lassen. Na ja, hinterher ist man bekanntlich immer klüger!

Hatte ich an jenem besagten Abend, als ich die beiden Hirsche schoß, eine andere Wahl, als sie zurückzulassen, sie gut verblendet in einen Baum zu hängen, mit der Absicht, sie am nächsten Morgen zu zerwirken und ins Camp zu tragen? Den ganzen Tag über war ich unterwegs gewesen, hatte ausgiebig gejagt und war danach einfach viel zu müde gewesen, die Hirsche am gleichen Abend noch zu versorgen und Wildpret sowie Trophäen in das Camp zu schaffen, das gut fünf Kilometer vom Erlegungsort entfernt war.

Und nun waren beide Hirsche verschwunden! Nichts hätte mich damals dazu bewegen können, weiter als ein paar Schritte in das Dickicht hineinzugehen, an dessen Rand der Baum stand, in den ich die Hirsche gehängt hatte. Denn da war die deutlich sichtbare Schleifspur, etwas Schweiß, ein paar Fetzen aus der Decke und einige Haare und das war auch schon alles was noch übrig war. Wer konnte schon wissen, ob nicht der Bär an „seinem Kill" war und mit einem solchen Bären ist nicht zu spaßen, das weiß jeder, der etwas Bärenerfahrung hat. Also zog ich mich ziemlich niedergeschlagen, aber auch etwas zornig auf den Bären zurück.

Zwei Tage vor meiner geplanten Abreise stand ich, ohne etwas in den Händen zu haben, da. Länger zu bleiben war unmöglich. Mein Abreisetag war durch den Fährenfahrplan vorgegeben. Nur noch ein einziger Jagdtag verblieb mir, um nicht als „Schneider" heimzufahren. Diesen Tag wollte ich ausgiebig nutzen, in der Hoffnung doch noch irgendwie zu Schuß zu kommen.

Gewiß da gab es als jagdbares Wild noch die Bären, täglich waren mir welche auf meinen Pirschgängen begegnet, aber sie hatten meine jagdliche Leidenschaft nicht wecken können. Meine ganze Aufmerksamkeit galt diesmal den „blacktails", nur sie waren für mich eine begehrte Beute. Die Bären, die ich beobachten konnte, hatte ich nur als „Randerscheinung" wahrgenommen, ohne in Erwägung zu ziehen, einen von ihnen zu erlegen.

Ein Tag jedenfalls blieb mir noch und vielleicht hatte ich Glück und traf auf einen schußbaren Blacktailhirsch.

Vor Morgengrauen war ich auf den Beinen und pirschte den schmalen Pfad durch den alten Kahlschlag, der sich nach oben in die Hügel zog und der mich schließlich zu dem tief eingeschnittenen Graben führte, wo ich in den letzten Tagen wiederholt „blacktails", wenn auch nur weibliche, gesehen hatte. Die Hänge des Grabens waren nur mit etwa mannshohen Büschen bewachsen, oben am Kamm stand dunkler Hochwald und aus dem Tal drang das Rauschen eines rasch fließenden Baches zu mir herauf.

Lange Zeit tat sich nichts. So aufmerksam ich auch die Hänge abglaste, es zeigte sich keine Bewegung. Die Sonne stieg höher und je höher sie stieg, um so mehr schwand meine Hoffnung noch auf ein „blacktail" zu Schuß zu kommen. Ich wollte eben meinen Platz wechseln, als ich den Bären aus dem Hochwald oben am Kamm kommen sah. Behende bewegte er sich zwischen den Büschen des Gegenhanges talwärts.

Plötzlich überfiel mich das Jagdfieber. Vergessen war mein Vorsatz ausschließlich auf „blacktails" zu jagen und Bären diesmal zu verschonen, ein Vorsatz, den ich gefaßt hatte, als ich meinen letzten Bären erlegte. Er war so groß und schwer gewesen, daß mir seine Bergung schwer zu schaffen gemacht hatte und ich, als ich ihn schließlich im Camp hatte, mit meinen Kräften völlig am Ende war. Das war mir noch in guter Erinnerung. Darüber hinaus wollte ich auch nicht von meinem Grundsatz abweichen, immer nur eine Wildart zu bejagen, denn das fördert die Aussicht auf Erfolg.

Aber dies war eine andere Situation. Der Bär, der sich, kaum hundert Meter von mir entfernt, eilig den gegenüberliegenden Hang des Grabens hinab bewegte, das mußte, dessen war ich mir sicher, jener Bär sein, der meine beiden „blacktails" verschleppt hatte. Er schien hier seinen Einstand zu haben, war aus dem Bereich des Waldes gekommen, wo ich meine beiden Hirsche erlegt hatte und von wo sie dann verschwunden waren und er war ein ausgewachsener, starker Bär, der keine anderen neben sich dulden würde. Für mich gab es keinen Zweifel, ich hatte den Übeltäter vor mir und er sollte nicht ungeschoren davonkommen. Ich war fest entschlossen, diesem Bären die Kugel anzutragen.

Noch fünfzig Meter hatte er zurückzulegen, um den schützenden Wald am unteren Ende des Grabens zu erreichen und wenn überhaupt, so mußte ich rasch handeln. Auf meinen Schuß drehte sich der Bär blitzschnell um seine Achse, als ob ihn ein unsichtbarer Feind einen heftigen Schlag versetzt hätte. Danach ein kurzes Verhoffen, das mir Zeit genug für einen zweiten Schuß ließ, der für den Bären das Ende bedeutete.

Was ich nach dem Schuß gefühlt habe? Zunächst weder Freude noch Stolz, aber doch etwas Genugtuung. Als ich dann aber vor ihm stand und sah, daß es ein wahrlich kapitaler Bursche war, den ich da gestreckt hatte, da war die Freude natürlich groß.

Gefährliche Grizzlies?

Einige Vorfälle, die das Zusammentreffen von Mensch und Bär betrafen, und die ich rein zufällig vor etlichen Jahren in verschiedenen kanadischen Tageszeitungen zu Gesicht bekam, haben meine Einstellung zu Bären grundlegend verändert. Bis dahin hatte ich ein ziemlich indifferentes, um nicht zu sagen sorgloses Verhältnis zu diesen Tieren, mit denen ich als Jäger auf meinen jagdlichen Streifzügen in abgelegenen Gegenden des Landes mehrfach zusammengetroffen war. Sie waren mir nie als gefährliches Wild oder gar als eine Bedrohung der eigenen Person erschienen. Im Gegenteil, ich freute mich immer, wenn ich irgendwo auf meinen einsamen Wanderungen auf einen Bär, gleich ob Grizzly oder Schwarzbär gestoßen war und hatte eher ihre Nähe gesucht, als Furcht zu zeigen. Heute ist mir bewußt, daß ich mich ziemlich sorglos, um nicht zu sagen leichtsinnig verhalten habe. Wie viele Nächte hatte ich allein in einem kleinen Zelt in der Wildnis verbracht ohne auch nur einen Gedanken daran zu verschwenden, daß mir durch einen Bären ernste Gefahr drohen könnte. Bis ich dann von mehreren Zusammenstößen von Jägern und Bären las, die sich innerhalb nur eines Jahres zugetragen hatten und die für einige der Jäger tragisch ausgegangen waren. Das hätte dir ebenso gehen können, ging mir damals durch den Kopf, denn in solchen oder ähnlichen Situationen wie die betroffenen Jäger hatte ich mich selbst des öfteren befunden.

Einige dieser besonderen Vorfälle, die ich der kanadischen Tagespresse entnommen habe, möchte ich hier schildern, um solche bedenklichen Situationen zu verdeutlichen.

Im Oktober 1995 konnte man in der kanadischen Zeitung „The Province“, welche in Vancouver erscheint, unter der Überschrift: „Zwei Jäger waren Beute von Grizzlies“ folgenden Bericht lesen: „F. aus Kelowna und C. aus Abbotsford wurden letzte Woche durch Grizzlies getötet, kurz nachdem sie einen Wapiti geschossen hatten. Die Bären müssen die beiden überrascht haben als sie das Tier zerwirkt hatten, und dabei waren das Fleisch in ihr Camp zu transportieren. Das Geweih des Wapiti war an eines der Packboards geschnürt. Nachdem die beiden überfällig waren, hatte eine Suchmannschaft südlich von Radium Hotsprings vom Hubschrauber aus Bären ausgemacht, die an einem Wapiti fraßen. Sie sahen außerdem einen Plastiksack und Jagdutensilien nahe der Szene. C.`s Leiche wurde später, ungefähr 50 Meter von dem Wapiti entfernt, entdeckt. F.´s Überreste fand man 400 Meter weiter weg. Die Männer müssen beim Zerwirken oder Abtransportieren des Fleisches von ihren Gewehren abgeschnitten gewesen sein, als die Bären sie angriffen, und das, obwohl beide erfahrene Jäger waren. Um die Leichen bergen zu können, wurde ein Beamter der Wildschutzbehörde herbeigerufen, der die Bären, eine Bärin und zwei fast erwachsene Junge, abschoß." Soweit der Bericht aus „The Province".

Wenige Wochen vor diesem Vorfall, der großes Aufsehen in der gesamten Provinz erregte, war es zu einem anderen bedrohlichen Zusammentreffen zweier Sportfischer mit einem Bären gekommen. Ein Grizzly schlug ein Loch in den Rumpf eines kleinen Wasserflugzeuges, um an einen 71-jährigen Sportfischer aus Coquitlam und seinen Partner aus 100-Mile-House heranzukommen. Beide Männer waren gerade dabei, den abseits gelegenen Mc Dougal Lake im Wells Gray Park mit ihrem Wasserflugzeug zu verlassen, als sie ein „furchterregendes Brüllen" hörten. „Der Bär war ungefähr zwölf Meter von uns entfernt und kam wohl mit einer Geschwindigkeit von 40 Meilen die Stunde auf uns zu", sagte H. später. „Er brauchte nur ein paar Sätze, dann war er auch schon an uns heran. Ich habe in meinem ganzen Leben kein Tier gesehen, das so schnell war". Der Bär sei durch das flache Wasser gestürmt und habe seine Krallen durch die Rumpfverkleidung der Maschine geschlagen. Sich mit einer seiner Pranken festhaltend, habe er seinen riesigen Kopf in das Cockpit gesteckt und versucht, H. aus dem Flugzeug zu ziehen. Dieser habe die einzige „Waffe", die er hatte, eine Jacke, ergriffen und sie über den Kopf des Bären geworfen. Der Bär, durch die ihm so genommene Sicht verwirrt, habe von H. abgelassen und die Jacke in Fetzen gerissen. Dann habe er erneut angegriffen, wobei er versuchte unter dem Flugzeug hindurchzukriechen, um jetzt H`s Partner, der sich auf der anderen Seite befand, attackieren zu können: „Wir glaubten beide, daß unser Ende gekommen sei", sagten sie später.

„He just moved like hell", erinnerte sich B. weiter und fügte hinzu: „Das einzige was mich gerettet hat, waren die Verstrebungen am Flugzeug". Der Bär war nämlich zu groß, um zwischen ihnen hindurch zu kommen. So ließ er schließlich von seiner vermeintlichen Beute ab. Jetzt erst erkannten die beiden Angegriffenen, daß es sich um eine Bärin mit einem fast ausgewachsenen Jungen handelte. Die Bärin versuchte einen nochmaligen Angriff auf das Flugzeug, stoppte jedoch bevor sie es erreichte, und beide Bären suchten anschließend das Weite. Die Freunde warteten einige Minuten, warfen schnell ihre Ausrüstung in die Maschine und starteten. H. sagte später aus, die Attacke hätte wahrscheinlich nicht länger als zwei Minuten gedauert. Keiner von beiden hatte auch nur einen Kratzer davongetragen.

Innerhalb einer Woche ereigneten sich zwei weitere spektakuläre Zusammenstöße von Mensch und Grizzly:

Eine Bärin griff in einem ebenfalls entlegenen Gebiet einen Jäger an, der bei Wind und Regen einen Trail entlang pirschte und der sich, da er hinter Wild her war, bemühte, möglichst leise zu sein, warf ihn zu Boden, und brachte ihm, auf ihm sitzend, schwere Bißverletzungen im Gesicht und an den Armen bei. Als der Bär für wenige Augenblicke von dem Jäger abließ, konnte dieser sein Gewehr, das ihm beim Angriff des Tieres von der Schulter geglitten war, ergreifen und den Grizzly töten.

Kurze Zeit später wurde ein Jäger in der Nähe von Ft. St. James von einer Grizzlymutter, die zwei Junge bei sich hatte, unvermittelt angefallen. Die Bärin verbiß sich in seinem rechten Arm und in die rechte Schulter, so daß der Jäger nicht mehr in der Lage war, sein Gewehr, das er an der rechten Schulter trug, in Anschlag zu bringen. Mit großer Vehemenz setzte der Bär seinen Angriff fort und brachte dem Mann schwere, teilweise lebensgefährliche Verletzungen im Gesicht, am Bauch sowie an den inneren Organen bei, unter anderem auch einen Zwerchfellriß. Mit dem Mut der Verzweiflung zog der Jäger mit der linken Hand sein Jagdmesser und stach auf die Bärin ein, die schließlich von ihm abließ. Sie wurde später 200 Meter vom Ort des Geschehens tot aufgefunden und wies insgesamt 18 Stiche auf, davon 12 an der Brust und sechs am Hals. Die Todesursache war Verbluten durch die Verletzung eines größeren Blutgefäßes. Der Jäger selbst wurde gefunden und konnte noch rechtzeitig in ein Krankenhaus gebracht und operiert werden; er überlebte seine schweren Verletzungen.

Insgesamt ereigneten sich innerhalb eines Zeitraumes von vier Wochen zehn ähnliche Zusammenstöße zwischen Grizzlies und Menschen.

Nach all diesen Vorfällen, die aus nicht bekannten Gründen in dem betreffenden Jahr gehäuft aufgetreten sind, ergibt sich für einen Jäger, der im „Grizzly country", auf welches Wild auch immer, jagen will, zwangsläufig die Frage: Wie läßt sich ein Zusammenstoß mit einem Grizzly vermeiden? Falls es aber doch zu einem solchen kommen sollte, wie muß ich mich dann verhalten?

Genau genommen gibt es auf diese Frage geausoviele Antworten, wie es Begegnungen zwischen Menschen und Bären gibt, denn: Jede Situation ist anders, und auch jeder Bär verhält sich anders. Daher muß auch jedes Zusammentreffen anders verlaufen. Trotzdem gibt es einige Verhaltensregeln, die, wenn man sie einhält, zumindest Risiken vermindern, wenn auch nicht ganz ausschließen, können.

Betrachtet man die oben geschilderten Vorfälle genauer, so kann man feststellen, daß sie eines gemeinsam haben: In allen Fällen handelte es sich bei dem angreifenden Tier um eine Bärin, meistens in Begleitung von Jungbären. Dies deckt sich mit den Statistiken, welche weiblichen Bären, vor allem, wann sie Junge bei sich haben, im Konflikt zwischen Mensch und Bär, als die am häufigsten Beteiligten nachweisen. Führende Bärinnen können also extrem gefährlich sein, und ihnen sollte man daher, wenn immer man kann, aus dem Weg gehen. Des weiteren spielt der Überraschungseffekt bei vielen Attacken eine große Rolle. Fühlt sich der Bär überrumpelt oder in die Enge getrieben oder wird die Bärin von ihren Jungen abgeschnitten, so wird ein äußerst aggressives Verhalten die Folge sein.

Deshalb sollte man sich, wenn man im „Grizzly country" unterwegs ist, möglichst geräuschvoll bewegen, um einen sich in der Nähe aufhaltenden Bären noch die Möglichkeit zu geben, sich zu entfernen, denn Grizzlies sind an sich scheu und gehen dem Menschen in der Regel aus dem Weg. Typisch für sie ist das sogenannte „ignoring behavior", das heißt: Hat der Grizzly den Menschen als solchen erkannt, so schlägt er einen Bogen um ihn und setzt dann seinen Weg in die Richtung fort, wie er es ursprünglich vorhatte.

Gefährliche Situationen können sich auch dann ergeben, wenn der Grizzly an einem „Kill" überrascht wird und meint, diesen verteidigen zu müssen. Dies gilt natürlich in gleicher Weise für den „Kill" des Jägers, wenn dieser von einem Bären entdeckt und von ihm in Besitz genommen wird. Oft nimmt ja das Bergen des Fleisches von einem Stück Wild mehrere Tage in Anspruch, Zeit genug für einen Grizzly den „Kill" ausfindig zu machen und davon Besitz zu ergreifen. Es ist also jedesmal größte Vorsicht geboten, wenn man sich einem zuvor erlegten Stück Wild nähert.

Man kann somit sagen, daß sich gefährliche Situationen für den Jäger immer dann ergeben, wenn er auf eine führende Bärin trifft, wenn sich ein Grizzly im Nahbereich überrascht oder bedroht fühlt oder wenn er sich an einem „Kill" befindet, den er glaubt, verteidigen zu müssen.

Was tut man aber, wenn es trotz aller Vorsicht und trotz aller Bemühungen, ein Zusammentreffen mit einem Grizzly zu vermeiden, doch zu einem Angriff kommt ?

Eine alte Waldläuferweisheit lautet hier: Laufe nie vor einem Bären davon! Denn der Bär ist viel zu schnell, als daß man vor ihm davonlaufen könnte. Er kann sich mit einer Geschwindigkeit von etwa 60 km/Std. oder mehr fortbewegen, wenn es darauf ankommt und das schafft nicht einmal ein Weltrekordler. Zudem: Ein unbeholfen davonlaufender, gar noch schreiender Mensch wirkt auf den Grizzly wie eine sichere Beute. Falsch sind auch Versuche, den angreifenden Bären durch Schreien oder hochgeworfene Arme verscheuchen zu wollen. Die erhobenen Arme und gespreizten Finger ähneln für ihn der Droh – und

Angriffshaltung eines anderen Bären und werden so als Herausforderung verstanden. Größere Chancen, heil davon zu kommen, hat man, wenn man beim Ansturm des Bären ruhig stehen bleibt, was gewiß in Angesicht des Bären und der drohenden Gefahr nicht leicht fallen mag. Es besteht aber in einem solchen Fall immerhin die Hoffnung, daß der Bär seinen Angriff abbricht, weil er keine ernsthafte Gefahr für sich sieht. Ist der körperliche Kontakt jedoch nicht zu vermeiden, dann hat man in der Regel eine größere Überlebenschance, wenn man sich nicht wehrt, sondern stumm und bewegungslos bleibt, sich also „totstellt“. Bären lassen nämlich oft von ihren Opfern ab, wenn diese leblos erscheinen, es sei denn der Bär ist auf Beute aus.

Ein Grizzlyangriff dauert meistens nur Sekunden, selten länger als ein paar Minuten. Bären greifen Menschen, ebenso wie ihre Artgenossen, im Galopp an, werfen sie zu Boden und traktieren sie mit Zähnen, Krallen und Prankenhieben. Hauptangriffspunkte am menschlichen Körper sind dann Kopf, Nacken und Bauch. Es empfiehlt sich daher, sich auf den Bauch zu legen, das Gesicht zum Boden gewandt, die Beine, zum Schutz des Bauches an den Körper zu ziehen, die Arme hinter den Nacken zu verschränken und sich ruhig zu verhalten. Sollte einem dies, trotz der großen psychischen und willentlichen Belastung, die eine solche Situation mit sich bringt, gelingen, so hat man durchaus eine Überlebenschance.

Alle diese Ratschläge mögen in der einen oder anderen Situation hilfreich sein, sofern überhaupt die Gelegenheit besteht, davon Gebrauch zu machen. Grundsätzlich aber gilt, wie gesagt, sich im „Grizzly country“ mit größter Um- und Vorsicht zu bewegen, besser noch: Gebiete mit starkem Grizzlyvorkommen überhaupt nicht zu betreten, denn das Verhalten des Grizzlys ist „unpredictable“, man weiß nie, was er vorhat.

Auf dem Weg in die Mongolei

Daß ich schließlich doch noch mitfliegen konnte, war zunächst alles andere als sicher gewesen. Die Maschine war hoffnungslos überbucht. Von den etwa einhundert Personen, die noch nach dem Boarding geduldig in einer Schlange auf dem Rollfeld standen, hatte zwar jede ein Ticket in der Tasche, aber nur die wenigen Ausländer darunter, unter anderen auch ich, wurden ausgewählt und in das Flugzeug gelassen. Alle anderen mußten zurückbleiben. Welche Enttäuschung für die Zurückgebliebenen! Aber Russen sind ja bekanntlich leidensfähig und Kummer gewöhnt. Und nun saß ich seit einigen Stunden in der, bis auf den letzten Platz belegten Iluschin und flog gegen Osten.

Ich war richtig froh, daß ich es noch geschafft hatte. Es hatte schlecht ausgesehen, als ich morgens auf Scheremetjewo angekommen war und mein Gepäck und ich selbst von Kopf bis Fuß so lange und so gründlich durchsucht worden war, daß die Zeit bis zu meinem Anschlußflug immer knapper wurde, und ich befürchtete, das Flugzeug zu versäumen. Was man zu finden hoffte, war mir ein Rätsel. Suchte man nach russischen Rubel, deren Einfuhr streng verboten war, oder sah man in mir gar einen möglichen Spion? Ich wußte es nicht, es war mir aber klar, daß Proteste zu nichts geführt, sondern die Sache noch schlimmer gemacht hätten. Es war die Zeit des kalten Krieges, und als westlicher Ausländer war man nicht nur eine verdächtige, sondern auch eine mehr oder weniger rechtlose Person, welche Schikanen wie „Filzen" ohne zu murren über sich ergehen lassen mußte. Zehn Dollar für den mich Filzenden hatten dann die entwürdigende Prozedur beendet und ich konnte mich, erschöpft und ziemlich ungehalten über die rüde Art und Weise, in welcher man die Durchsuchung vorgenommen hatte, auf das Flugfeld begeben. In der Maschine war es stickig und heiß und es roch stark nach Knoblauch und Zwiebeln. Die eng stehenden Sitze nahmen einem jede Bewegungsfreiheit, und selbst, wenn man sich aus seinem Sitz erhob, hatte man Schwierigkeiten, sich zu bewegen, denn, die an der Kabinendecke angebrachten Hängematten, in denen Säuglinge und Kleinkinder schliefen, zwangen einen, den Kopf einzuziehen.

Nach der Flugzeit zu schließen, mußten wir uns irgendwo über Sibirien befinden, als der Pilot in russischer Sprache eine Durchsage machte. Ich verstand kein Wort, aber aus der Reaktion der übrigen Passagiere und ihren besorgten Mienen schloß ich, daß es keine angenehme Nachricht war. Lag etwa ein technischer Defekt am Flugzeug vor, kein ganz seltenes Ereignis in der damaligen Zeit oder eine sonstige bedrohliche Situation? Ich wandte mich an die in der Reihe vor mir sitzenden Männer, die ihre Köpfe zusammensteckten und sich in tschechischer Sprache angeregt unterhielten. Vielleicht sprach ja einer von ihnen deutsch oder englisch und konnte mir den Grund für die allgemeine Aufregung, die sich in der Kabine breit gemacht hatte, nennen. Nein, es lag kein technischer Defekt am Flugzeug vor, das jedenfalls brachte ich nach einigem Radebrechen mit einem der Tschechen heraus. Später erfuhr ich, daß ein heftiger Sandsturm über der Wüste Gobi tobte, der sich bis Sibirien hinein erstreckte und eine Änderung der vorgesehenen Flugroute notwendig machte. Der nächstgelegene Flugplatz Novosibirsk sollte deshalb angeflogen werden.

Nach zwei Stunden erschien unter uns das silbrig glänzende Band des Ob und wir hatten Sicht auf die Hauptstadt Sibiriens, einer zur damaligen Zeit für Ausländer „geschlossenen Stadt", soviel war mir jedenfalls bekannt. Was dieser Begriff jedoch bedeutete, sollte ich dann in den nächsten Stunden erfahren. Die Maschine landete auf dem Flugplatz Tolmahevo, der, wie mir schien, fast nur von Militärmaschinen angeflogen wurde. Kaum war das Flugzeug ausgerollt und die Treppe angelegt, als ein Bus angefahren kam, aus dem eine Mannschaft bewaffneter Soldaten heraussprang und Aufstellung nahm. Wir wurden durch das Spalier von Soldaten zum Flughafengebäude geleitet. Das war nicht mehr als eine große Baracke, kalt und kahl, und deren einziger sehenswerter Gegenstand, ein überdimensionales Gemälde des vaterländischen Krieges, eine gesamte Wand der Halle einnahm. Nach eingehender Kontrolle und Registrierung unserer Pässe, was längere Zeit in Anspruch nahm, wurden wir in das angrenzende Gebäude, einer offensichtlich für Militär vorgesehenen Unterkunft gebracht, wo man uns Zimmer anwies.

Jeweils 8 Mann wurden in einem Raum mit Stockbetten untergebracht. Man brachte uns Tschai und einige belegte Brote. Die Russen, welche außer den Tschechen, meinem Zimmer zugeteilt waren, begaben sich in die benachbarten Räume zu ihren Bekannten und ich blieb mit den Tschechen zurück. Es waren Monteure, die, wie ich später erfuhr, zu einer Baustelle in Ulan Bator unterwegs waren. Langsam kam eine Unterhaltung in Gang und was fehlende Sprachkenntnisse nicht vermochten, das schaffte schließlich die Flasche Wodka, die einer der Tschechen aus seinem Rucksack holte. Da saßen wir nun und keiner wußte, wie es weitergehen sollte. Irgendwelche Informationen über Weiterflug und Wetteraussichten hatte man uns nicht gegeben. Ob die Verantwortlichen dies selbst nicht wußten, oder ob sie es einfach nicht für notwendig hielten, uns zu informieren, darüber konnte man nur Vermutungen anstellen. Nur eines hatte man uns nachdrücklich zu verstehen gegeben, nämlich daß ein Verlassen des „Hotels“ strengstens untersagt sei. Wo hätten wir auch hingehen sollen? In der Stadt wären wir als Ausländer sofort aufgefallen und wahrscheinlich verhaftet worden. Gewiß hatte man Posten vor dem Gebäude aufgestellt, um uns daran zu hindern, unsere Unterkunft zu verlassen.

Am nächsten Morgen erschien ein „Offizieller“, der uns mitteilte, daß wir weiterfliegen könnten. Der Sandsturm wäre abgeflaut und ein ungefährdeter Flug nun möglich. Wir flogen also los, nachdem wir die gleiche Prozedur, wie bei unserer Ankunft über uns ergehen lassen mußten und ich bin trotz der Verzögerung noch rechtzeitig nach Ulan Bator gekommen und konnte meine Steinbockjagd beginnen.

Ein Jahr ist nicht wie das andere

Kein Jahr ist wie das andere, und auf der Jagd wiederholt sich nichts. Welcher Jäger hat das nicht schon oft erleben müssen! Wie oft bin auch ich, mit den besten Erinnerungen an eine Jagd, irgendwohin gereist, wo ich zuvor schon gewesen war, und bin enttäuscht zurückgekommen: Da hat man irgendwann im Ausland erfolgreich gejagt, hat reichlich Wild angetroffen, einen fähigen Jagdführer gehabt, mit dem man sich verstand, hat auch gut geschossen und Strecke gemacht und ist, begeistert von der erlebnisreichen Jagd, nach Hause gefahren. Alles war so gewesen, wie man es sich nur wünschen kann, und man hat sich vorgenommen, bei der nächsten passenden Gelegenheit, wiederzukommen; und schließlich ergibt sich auch die Möglichkeit dazu, und dann ist alles anders, als man es von früher her kannte, und Enttäuschung macht sich breit: Der Wildbestand hat sich verringert, weil inzwischen zuviel geschossen wurde, oder weil das Wild, wegen ungünstiger Wetterbedingungen, abgewandert ist, oder man wird von einem Jagdführer geführt, mit dem man nicht so gut zurecht kommt. Schon lösen sich alle Hoffnungen, mit denen man gekommen ist, in nichts auf.

Jagderlebnisse und Jagderfolge sind eben nicht beliebig wiederholbar, das wird jeder bestätigen können, der zum zweiten Male irgendwo am gleichen Ort, oder auf die gleiche Wildart gejagt hat. Zu viele Faktoren müssen zusammenkommen, wenn eine Jagd erfolg- und erlebnisreich verlaufen soll, und schon das Ausbleiben nur eines der Faktoren, kann dazu führen, daß sie zur großen Enttäuschung wird.

Aber nicht nur die äußeren Umstände sind es, die sich zum Nachteil verändern können, auch der Jäger selbst, seine Stimmungen und seine Erwartungen, sowie seine jagdlichen Fähigkeiten, sind ständigen Veränderungen unterworfen. Es mag Zeiten geben, in denen jeder Schuß gelingt, und andere, in denen seine Schußleistung mehr als zu wünschen übrig läßt.

Nicht Zahl und Stärke der erbeuteten Trophäen, die man mit nach Hause nimmt, sind es ausschließlich und allein, die einem das Gefühl geben, an einer spannenden Jagd teilgenommen zu haben. Sie zählen nicht so viel, wenn nicht auch Landschaft, Wetter, Anblick und Wildvorkommen, Jagdführer und eigene Fähigkeiten in das Gesamtbild passen. Das „Drum und Dran" ist es nämlich, was die Jagd erst zum bleibenden Erlebnis werden läßt; die jeweiligen besonderen Begleitumstände, die zur Erbeutung der Trophäen geführt haben, sind es, die dauerhaft im Gedächtnis haften bleiben, an die man sich später gerne erinnert und die in einem den Wunsch wecken, noch einmal wiederzukommen.

Gerade bei Jagdreisen in das südliche Afrika, kann beispielsweise die Wetterlage dafür ausschlaggebend sein, ob die Jagd erfolgreich verläuft oder zur Enttäuschung wird. Hat es ausreichend geregnet und ist frische Äsung da, so wird man mit einem guten Wildbestand rechnen können, kommt man aber während einer Trockenperiode, so trifft man in der Regel kaum Wild an, denn es zieht dem Regen und der Äsung nach.

Diese Erfahrung konnte ich machen, als ich in zwei aufeinanderfolgenden Jahren in Namibia war. In dem einen Jahr hatte ich herrliche Jagdtage auf einer Farm verbracht: In den Wochen bevor ich dort ankam, hatte es reichlich geregnet, alles war frisch und grün, und das Gras hatte die Länge, die das Wild so liebt. Springbock, Oryx und Hartebeest standen in Gruppen in der Landschaft, und jeder Pirschgang brachte guten Anblick.

Als ich ein Jahr später wieder auf dieselbe Farm kam, hatte sich alles völlig verändert: Wochenlang war kein Regen gefallen. Das Gras war verdorrt und braun, nirgendwo gab es frische Äsung, die Flees waren ausgetrocknet, Staubfahnen wehten durch die Landschaft, und die Hitze war fast unerträglich. Das meiste Wild war dorthin abgewandert, wo noch etwas Regen gefallen war. Es war zwar noch einiges Wild zurückgeblieben, wie das immer so ist, aber eben nicht mehr in der Zahl, wie ich es das Jahr zuvor angetroffen hatte. Wenn man nun durch die Camps fuhr, sah man keine größeren Gruppen von Oryx oder Springböcken mehr, sondern nur noch das eine oder andere Stück Wild; eben nur einen Bruchteil dessen, was sonst auf der Farm stand. Und das wenige Wild, das geblieben war, verhielt sich sehr scheu. Die Fluchtdistanz war größer, und das Jagen war so schwieriger geworden, denn die Landschaft erschien durch die Trockenheit kahler und ausgeräumter und bot dem Jagenden und dem Wild weniger Deckung. Es kostete nun mehr Zeit und bedurfte so größerer Anstrengungen, das Wild aufzuspüren und anzupirschen.

Da man kaum auf normale Schußentfernung an das Wild herankommen konnte, war man zu weiten Schüssen gezwungen, und das zog nicht nur Fehlschüsse nach sich, sondern führte auch mitunter zum unangenehmen Krankschießen. Schon allein Fehlschüsse können einem, vor allem, wenn sie sich wiederholen, die Stimmung gründlich verderben, und das Selbstvertrauen, das man auf der Jagd braucht, empfindlich stören. Noch schlimmer aber steht es mit dem Krankschießen. Afrikanisches Wild ist sehr hart, und ein krankgeschossenes Stück, geht fast immer verloren.

Wenn man nun in zwei aufeinanderfolgenden Jahren in demselben Gebiet jagt und man findet beim zweiten Mal veränderte Verhältnisse vor, so beginnt man Vergleiche anzustellen, und bald bleibt die Enttäuschung nicht aus. Denn, daß es auch beim ersten Mal schon dunkle Punkte gegeben hat, ist längst aus der Erinnerung geschwunden. Nur das Positive und Angenehme scheint haften geblieben, das Unangenehme hat das Gedächtnis schon herausgefiltert, es ist sozusagen einfach „durch den Rost gefallen", während man beim zweiten oder dritten Mal schärfer sieht und einem die Mängel, die es eigentlich immer gibt, deutlicher auffallen.

Ohne Zweifel trägt man beim ersten Mal mehr Farbe, Duft und Ton nach Hause, als beim zweiten Mal. Daher die Enttäuschung, die einen befällt, wenn man - was man nie tun sollte - zurückkehrt, weil doch alles beim ersten Mal so gut lief und man mit den besten Erinnerungen nach Hause fuhr.

Wir hatten seit einigen Tagen in den Orangenplantagen am Fuß des Atlasgebirges auf Tauben gejagt und waren des Schießens allmählich überdrüssig geworden. Unser marokkanischer Jagdfreund empfahl uns, für den Rest des Urlaubs, nach Daklah in die Westsahara zu fliegen und im Atlantik auf große Courbines zu fischen. Man angelt auf diese Fische in der Brandung und beim Werfen der Angel muß man gegen die Brandung ankämpfend, weit hinauswaten. Das Wasser ist gewöhnlich sehr kalt, und wenn man den Köder mit der langen Meeresrute hinausgeschleudert hat, ist man dann froh, wieder an Land zu sein. Wenn die Brandung Schwärme von kleinen Fischen in das flache Wasser treibt, folgen ihnen die großen, bis 60 kg schweren Courbines. Wüste und Meer gehen dort unmittelbar ineinander über, denn große Dünen ziehen bis dicht an den Strand heran. Wir hatten unsere Zelte zwischen den Dünen aufgebaut, und ein Beduine, der für das Camp zuständig war, versorgte uns mit allem Notwendigen. Den Geschmack, des aus frischen Pfefferminzblättern auf offenen Feuern zubereiteten Tees, der dann aus der rußgeschwärzten, gußeisernen Kanne mit dem langen Schnabel, zielgenau aus beträchtlicher Höhe in die kleinen bauchigen Gläser gegossen wurde, habe ich heute noch auf der Zunge: Er konnte einem, stark gesüßt getrunken, beinahe süchtig machen, und ich habe nie wieder einen besseren gefunden.

Der ständig wehende, starke Wind, läßt die Dünen permanent wachsen und ebenso wieder abnehmen, sie verändern ihre Form beinahe von einem auf den anderen Tag. An manchen Stellen hatte er den Sand von seiner felsigen Unterlage völlig weggeblasen. An einem solchen Ort, fand ich durch Zufall, einen übergroßen, versteinerten Haifischzahn. Danach gingen wir, wenn die Brandung nachließ und die Fische nicht mehr bissen, auf die Suche nach weiteren vorgeschichtlichen Funden. Wir fanden neben versteinerten Haifischzähnen, an denen manchmal noch Reste von Zahnschmelz zu erkennen waren, Seepferdchen, Pfeilspitzen und einige Steinwerkzeuge. Bald gaben wir das Angeln ganz auf und gingen nur noch in den Dünen auf Suche.

Gefährliche Warzenschweine

Der Farmer, auf dessen Farm in Namibia ich einige Male gejagt habe, hat mir, als wir uns einmal darüber unterhielten, wie gefährlich Warzenschweine in bestimmten Situationen sein können, die folgende Begebenheit erzählt, und sie scheint mir genug Interesse wecken zu können, um sie weiterzugeben.

Da war ein alter Herero, der auf der Farm arbeitete und der, um seine vielköpfige Familie, mit Fleisch zu versorgen, von Zeit zu Zeit, mit seinen Hunden in den Busch ging, um junge Warzenschweine einzufangen.

An einem frühen Vormittag wurde der Farmer von Familienangehörigen des Mannes, zu der Hütte gerufen, in der er und seine Familie hauste. Dort fand er den Mann draußen vor der kleinen Hütte sitzend, und durch die zerrissene und blutverschmierte Hose habe er sehen können, daß mit dem linken Bein etwas nicht in Ordnung war, denn es war krumm und abnorm beweglich. Bei der genaueren Untersuchung habe er festgestellt, daß beide Knochen des Unterschenkels gebrochen waren, und auf der Vorderseite des Unterschenkels klaffte eine fast handtellergroße Wunde, in der die gebrochenen Knochen freilagen. Auf seine Frage, wie es denn zu dieser schweren Verletzung gekommen sei, wollte der alte Herero zunächst nicht mit der Wahrheit herausrücken, und hätte nur vage Andeutungen darüber gemacht, was geschehen war. Erst später, als er ihn in sein Auto gesetzt hatte, um ihn nach Windhoek, in das Krankenhaus zu fahren, erzählte der Herero, was ihm widerfahren war.

Der Mann war am Nachmittag des Vortages mit seinen Hunden losgezogen, um wieder einmal nach jungen Warzenschweinen zu suchen. Am Rande des sich hinter der Farm entlangziehenden Reviers, wie dort ein ausgetrocknetes Flußbett genannt wird, hatte er die Höhle eines Erdferkels ausfindig gemacht, in der die Hunde Warzenschweine gewittert hätten, wie er aussagte, denn sie schlieften in den Bau und begannen, Laut zu geben. Plötzlich sei eine Bache aus der Öffnung der Höhle hervorgestürmt und hätte ihn sofort angenommen. Durch den harten Anprall sei er zu Boden geworfen worden, und das Warzenschwein habe ihn, als er auf dem Boden lag, heftig attackiert. Dann hätten sich die Hunde auf das Warzenschwein gestürzt, erzählte er weiter, das daraufhin von ihm abgelassen habe. Zunächst habe er keine großen Schmerzen verspürt, aber als er sich erheben wollte und zu gehen versucht habe, hätte er bemerkt, daß er das Bein nicht belasten konnte.

Inzwischen war es Abend geworden, es wurde rasch dunkel, und da es um die kalte Jahreszeit war, in der das Thermometer oft weit unter den Gefrierpunkt absinkt, auch empfindlich kühl. Der Mann wollte nichts als nach Hause, an das wärmende Feuer in seiner Hütte, und da er nicht gehen konnte, kroch er auf Händen und Knien, die etwa drei Kilometer vom Ort des Geschehens, bis zu seiner Hütte. Darüber verging die ganze Nacht, und erst gegen Morgen habe er sein Zuhause erreicht.

Nun führte der Weg, den er da kriechend zurücklegen mußte, durch einige Zäune und Tore, die üblicherweise mit einer Kette verschlossen sind; diese mußte er öffnen, was bei der Art der Verletzung schwierig genug ist, er musste sie aber dann auch wieder ordentlich verschließen, eine noch schwierigere Aufgabe als das Öffnen.

Noch am gleichen Tag, so erzählte mir der Farmer, habe er den Ort aufgesucht, wo der Herero nach seiner Aussage von dem Warzenschwein angegriffen worden war. Auf dem Weg dahin, wären ihm auf der ganzen Länge der Pad, und zwar im Abstand von jeweils einigen hundert Metern, Feuerstellen aufgefallen, die sorgfältig mit Sand bedeckt waren. Der verletzte Herero hatte also in der langen, kalten Nacht, während er sich seiner Hütte entgegenschleppte, einige kleine Feuer entfacht, um sich zu wärmen, und er hatte sie auch wieder, wie es im Busch üblich ist, ordnungsgemäß gelöscht.

Der Bruch des Unterschenkels heilte im Gipsverband, den man dem Mann in Windhoek angelegt hatte, wieder aus, und, wenn das Bein auch etwas krumm und verkürzt war, so ließ sich der Herero nicht davon abhalten, weiterhin mit seinen Hunden, auf die Jagd nach jungen Warzenschweinen zu gehen.

Als ich ihn kennenlernte, hatte ich den besten Eindruck von ihm. Er hatte uns auf dem kleinen Feldflugplatz abgeholt, um uns in sein Camp, irgendwo im Riftvalley zu bringen. Er war ausnehmend freundlich und zuvorkommend, und man merkte rasch, daß er gute Manieren hatte. Zu den Schwarzen seiner Mannschaft, war er korrekt und gab klare Anweisungen, im knappen, aber nicht unfreundlichen Ton. Später erfuhr ich dann, daß er, obwohl Österreicher, Offizier in einer Eliteeinheit der deutschen Wehrmacht gewesen und unmittelbar nach dem Krieg nach Kenia gekommen war. An seiner charmanten Art unseren Frauen gegenüber, konnte man den Wiener erkennen. Es gab kaum einen Wunsch, den er ihnen, sofern es die begrenzten Möglichkeiten des Camps zuließen, nicht erfüllt hätte. Er verwöhnte sie mit Wiener Mehlspeisen und allerlei Lekkerbissen und betrachtete sie als seine persönlichen Gäste, für die er auch kein Geld nehmen wollte. Kurz, er war das, was man unter einem Kavalier der alten Schule versteht.

Als dann eines Tages, die Sache mit dem Massai passierte, war ich daher ziemlich ratlos. Wir hatten in der Nähe eines Massaidorfes, welches nicht weit von unserem Camp entfernt war, gejagt und waren auf dem Rückweg einigen Massaikriegern begegnet, großen, schlankgewachsenen jungen Männern, die, auf ihre Speere gestützt, eine Rinderherde bewachten. Der Fahrer hielt an, und nach einigem Palavern dolmetschte er mir, daß einer der jungen Massai uns ins Camp begleiten wollte. Gleich als Z. uns mit dem Massai ankommen sah, verlor er die Fassung. Aufgebracht erklärte er mir, daß „Leute dieser Art“ in seinem Camp nichts zu suchen hätten, und die Wahl seiner Worte, ließ keinen Zweifel, an seiner rassistischen Einstellung zu.

Ich war deshalb mehr als erstaunt, als am folgenden Wochenende eine gut gewachsene junge Kenianerin im Camp erschien, dann die Nacht in seinem Zelt verbrachte und ich am Morgen erfuhr, daß dies seine feste Freundin war.

Fehlschüsse

Seit November war in diesem Landstrich Namibiens kein einziger Tropfen Regen gefallen und jetzt, im März, also am Ende der eigentlichen Regenzeit, war das Land, von der sengenden Sonne, völlig ausgedörrt. Während sonst zu dieser Jahreszeit frisches Gras den rotbraunen Boden wie ein grüner Teppich überzog, so daß man das Gefühl hatte, sich auf einer unendlich großen Wiese zu befinden, herrschten nun die braunen und grauen Töne vor. Selbst die immergrünen Bäume und Büsche hatten ihre grüne Farbe verloren und sahen schmutzig-grau aus. Das Laub, das noch nicht abgefallen war, hing schlaff an Ästen und Zweigen. Staubfahnen wehten die Pads entlang und manchmal konnte man in der Ferne, riesige Windhosen beobachten, die Staub und Sand, hunderte Meter in den immer klaren Himmel hochwirbelten.

Die Stimmung unter den Farmern war gedrückt, denn keiner wußte so recht, wie es weiter gehen sollte. Th. hatte mir, als wir vom Flugplatz zur Farm hinausfuhren, erzählt, daß er einige Tage zuvor, einen Teil seines Viehs verkauft hatte, da kein Futter mehr da sei.

An den Posten sah ich magere Rinder stehen. Wasser aus den Tiefbrunnen war das einzige, was es noch, wenn auch in begrenzter Menge gab. Feste Nahrung konnten sie in den Camps kaum mehr finden, denn da gab es nur noch abgefressene Stubben, die vom letzten Jahr übriggeblieben waren. Aber auch das Wasser wurde täglich weniger. Der Grundwasserspiegel war schon um etliches gesunken. Die Windräder drehten sich zwar ununterbrochen, aber die Pumpen förderten nur noch bei jedem dritten, oder vierten Hub, Wasser in die Tröge.

Nicht nur das Vieh hatte unter der Trockenheit zu leiden, auch das Wild fand kaum Äsung. Das Laub des Hackie- oder Kudubusches, die bevorzugte Äsung des Großen Kudu, war welk und dürr, und es fehlte an kurzem, frischem Gras, welches der Springbock braucht, wenn er sich wohl fühlen soll. Es gab schon einiges Fallwild, aber das meiste Wild war in Gegenden abgewandert, wo etwas Regen gefallen und Äsung zu finden war.

Wir waren auch kaum auf jagdbares Wild gestoßen, als wir am Nachmittag die Pads entlangfuhren, um Ausschau zu halten. Selbst dort, wo ich im Jahr zuvor noch Oryxherden von hundert Köpfen und mehr gesehen hatte, war das Land jetzt ohne Leben. Nur im River, welches das Braun und Grau des Farmlandes wie ein grünes Band durchzog standen einige Oryx, Kudus und Hartebeester. Alles deutete darauf hin, daß es eine schwierige Jagd werden würde.

Die obligatorischen Probeschüsse, auf kürzere Entfernung, lagen zwar alle etwas zu tief, waren aber noch im Ziel. Schon bald sollte sich jedoch zeigen, daß dies nicht ausreichte.

Nach einer längeren Pirschfahrt hatten wir einen in einer nahezu buschlosen Ebene stehenden Springbock ausgemacht. Schnell waren wir vom Wagen gesprungen. Es war recht weit bis zu dem Springbock, aber in der deckungslosen Ebene auch nicht möglich näher an ihn heranzukommen. Nur eine kleine Staubwolke wirbelte vor dem Springbock hoch, als ich schoß. Der Schuß war zu kurz ausgefallen. Ich führte diesen Fehlschuß auf die große Distanz, über die hinweg ich geschossen hatte, zurück und machte mir deshalb auch keine großen Gedanken darüber. Ungewohntes Licht in einer noch fremden Umgebung können schließlich leicht zu Fehlschüssen führen. Es war kaum eine Stunde vergangen, als sich eine ganze Serie von Fehlschüssen ereignete, mit weit unangenehmeren Folgen.

Wir waren wieder auf einen Springbock gestoßen, als wir auf einem der zahlreichen Pads fuhren, die zurück zum Farmhaus führten. Vor uns lief ein Springbock über die Ebene und er war wieder weit entfernt. Ohne Glas betrachtet, erschien er mir wie ein winziger, gelbbrauner Fleck, der von der flirrenden Luft grotesk verzerrt, über dem Boden zu schweben schien. Einige Minuten lang konnten wir ihn beobachten, bis er schließlich einen sanft ansteigenden Hügel hochlief, und immer langsamer werdend hinter einigen Büschen stehen blieb. Wir verließen rasch unser Fahrzeug und liefen, die wenige Deckung, die es in diesem flachen Gelände gab, nützend, in Richtung auf das schüttere Gebüsch, wo wir den Bock vermuteten. Die Aussicht auf Schußentfernung an ihn heranzukommen, war nicht schlecht, zumal der Wind uns entgegenkam, also günstig stand. Als wir uns auf etwa 200 Meter den Büschen genähert hatten, zog der Bock, der uns nicht wahrzunehmen schien, langsam seitlich aus den Büschen, wo er verhoffte. Da hatte Th. auch bereits den zweibeinigen Zielstock vor mir aufgebaut. Schon lag der Lauf meines Gewehrs in der Gabel und mich mit meinem Ellenbogen auf der Schulter meines Begleiters abstützend, ging ich schnell ins Ziel. Einem hellen, nichts Gutes verheißenden Kugelschlag, folgte der Anblick eines, den rechten Vorderlauf schonenden Springbockes, der sich, durch seine Verletzung behindert, mühsam fortbewegte. Mein zweiter rasch nachgeworfener Schuß ging ins Leere. Dann war der Bock wieder zwischen den Büschen verschwunden.

Unter Führung unseres schwarzen Begleiters, dessen Fähigkeiten als Fährtenleser, ich bei einem früheren Aufenthalt kennengelernt hatte, folgten wir, der für mich nicht erkennbaren Fährte. Ich hatte nur noch wenig Hoffnung, daß es uns nochmals gelingen würde, an den kranken Bock heranzukommen. Aber wider Erwarten, gelang es dann doch.

Nachdem wir eine gute viertel Stunde kreuz und quer durch die verstreut stehenden Büsche gelaufen waren, wies Th. plötzlich nach vorn und ich sah den Bock hundert Meter vor uns im Schatten eines Kameldornbusches stehen. Hastig gab ich freihändig einen weiteren Schuß ab, aber als ich den Abzug zog, hatte ich das ungewohnte Gefühl, eines harten Widerstandes, ich hatte in der Eile versäumt einzustechen und den Schuß verrissen.

Ich konnte den kranken Bock nicht zur Strecke bringen. Denn trotz aller Versuche gelang es uns nicht mehr, ihn in dem unübersichtlichen Gelände, in dem wir uns inzwischen befanden, aufzustöbern.

Nachdem mir Th., der verständlicherweise verärgert war, zu verstehen gegeben hatte, daß weiteres Suchen zwecklos sei und der Bock wohl verloren sei, empfand ich Enttäuschung, über meine alles andere als befriedigende Schießleistung, und eine gute Portion Scham über das Krankschießen des Bockes, welches durchaus hätte vermieden werden können.

Aber dies beschämende Erlebnis war leider nicht die einzige schlimme jagdliche Erfahrung, welche ich in den nächsten Tagen machen mußte, es sollte sogar noch schlimmer kommen. Hätte ich gewußt, was noch alles an Fehlschüssen und krankgeschossenem Wild auf mich zukommen würde, ich hätte die Jagd ganz gewiß abgebrochen und wäre nachhause geflogen. Alles was sich bislang zugetragen hatte, führte ich auf mangelnde Konzentration, überhastetes schießen aus ungünstigen Positionen, die ungewohnten Lichtverhältnisse und das schwierige Abschätzen der Entfernungen, in einer nicht vertrauten Landschaft zurück, an einen technischen Fehler meiner Waffe, wollte ich zu diesem Zeitpunkt nicht glauben, denn die Probeschüsse lagen gerade einen Tag zurück und hatten keinen Anlaß gegeben, an der Zuverlässigkeit meiner Waffe zu zweifeln. Durch mehr Konzentration und Disziplin, glaubte ich, meine bislang schlechten Leistungen und Ergebnisse beim schießen verbessern zu können.

Der nächste Morgen war klar und frisch und es versprach ein herrlicher Tag zu werden. Th. wollte das Jagdgebiet wechseln. Am westlichen Rand der Farm war etwas Regen gefallen, gerade genug, um frisches Gras zum Sprießen zu bringen, und als wir nach zweistündiger Fahrt dort ankamen, war ich überrascht, wie grün alles aussah. Welch ein Unterschied zu der ausgedörrten Gegend aus der wir kamen. Kurzes frisches Gras bedeckte den Boden und das Laub der Büsche und Bäume war weder welk noch vertrocknet. Wie doch ein kurzer Regen das Land verändern kann!

Da war auch schon Wild zu sehen. Kleinere Gruppen von Oryx und Hartebeestern standen verstreut im hügeligen Gelände und einmal flüchtete eine vielköpfige Herde von Springböcken in den ihnen typischen hohen Sprüngen vor dem herannahenden Geländewagen.

Alles sah vielversprechend aus und ich ahnte nicht, daß der Tag, der so herrlich begann, für mich zu einem Alptraum werden sollte. Es war, wie mir später bewußt wurde, ein Freitag, und zwar der dreizehnte, und er wird mir als „schwarzer Freitag" lange in Erinnerung bleiben.

Wir waren im steinigen und hügeligen Gelände, das wir durchstreift hatten, da es gute Deckung bot, auf einen starken Hartebeestbullen gestoßen und ich hatte ihn, den Zielstock benutzend, beschossen. Wie schon am Tage zuvor war wieder dieser, unangenehm in den Ohren des Jägers klingende, helle Kugelschlag zu hören, der stets Schlimmes befürchten läßt. Meine bösen Ahnungen wurden rasch Gewißheit, als wir an den Anschuß kamen, nur wenig Wildpretschweiß fanden, und man aus der Fluchtfährte, auf einen Vorderlaufschuß schließen konnte. Was nun folgte, war eine Nachsuche von einigen Stunden, zu der wir Jan, den Herero, der am Auto zurückgeblieben war, zu Hilfe holten. Wenn jemand der Fährte, die auf dem steinigen Boden kaum zu erkennen war, folgen konnte, so war er es. Die wenigen Tropfen Schweiß, die anfänglich zu sehen waren, verloren sich jedoch bald wieder, so daß selbst Jan schließlich überfordert war und es ihm nicht gelingen wollte, die Fährte des kranken Stückes aus dem Gewirr der übrigen, frischen Fährten, herauszufinden. Die gesamte Nachsuche hatte sich über Stunden erstreckt. Müde, durstig und enttäuscht brachen wir schließlich ab und traten den Rückweg an. Keinem von uns war nach Unterhaltung zumute, so gedrückt war die Stimmung. Wir ließen unsere Köpfe hängen, jeder mit seinen Gedanken beschäftigt.

Um zu unserem, auf der Pad abgestellten Geländewagen zu gelangen, folgten wir einem ausgetretenen Wildwechsel und hatten bereits die Hälfte des Weges zurück gelegt, als mich Th. plötzlich anstieß und nach vorne deutete. Im Schatten eines Kameldornbaumes stand ein starker Hartebeestbulle, ein alter Bulle, offensichtlich, der da dösend verharrte, ohne von seiner Umgebung Notiz zu nehmen. Es schien ein alter Bulle zu sein, dafür sprach seine dunkelbraun gefärbte Decke und die hochaufragenden, an der Basis wuchtigen Hörner. Th. hatte durch eine kurze Geste sein Einverständnis angedeutet und ich ging schnell in Anschlag. „Nicht wieder überhastet schießen, laß dir Zeit und nur nicht wieder krankschießen!“ ging mir durch den Kopf. Ich ließ mir Zeit, schoß mit Bedacht, hörte den Aufschlag der Kugel, das Hartebeest machte einen Satz nach vorne und preschte davon.

Wir folgten ihm durch einen Graben, durch den ein schmales, ausgetrocknetes River verlief, und hinter dem das Gelände wieder anstieg. Als wir die Senke durchquert hatten und auf dem gegenüberliegenden Kamm ankamen, konnte man den schwerkranken Bullen zwischen zwei Hakiebüschen stehen sehen. Er ließ uns auf 50 Meter herankommen, so krank war er offensichtlich. Ein Schuß auf den Träger schien mir auf die kurze Distanz das Beste zu sein. Aber die Kugel zeigte keine Wirkung, der Bulle rannte noch ein Stück weit, bevor ihn ein weiterer Schuß schließlich niederstreckte. Als wir dann vor ihm standen, stellte ich fest, daß zwar alle drei Schüsse getroffen hatten, aber der erste war ein tiefer Waidwundschuß, lag also viel zu tief. Nun war das Maß für mich voll! Ich war drauf und dran, das Jagen einzustellen, denn so konnte es nicht weiter gehen. Ich glaubte nicht mehr an bloße Zielfehler, denn so schlecht wie in den letzten Tagen hatte ich noch nie geschossen.

Ich kam mit Th. überein, die Waffe nochmals probezuschießen. An einer dafür geeigneten Stelle, gab ich auf einen Pappkarton, der sich im Wagen befand, einige Schüsse ab. Alle lagen viel zu tief! Wir versuchten das Zielfernrohr, die Tiefschüsse berücksichtigend, einzustellen, was mit Schwierigkeiten verbunden war, da es sich um ein älteres Modell handelte. Jetzt schoß die Waffe wieder zu hoch. Erneut wurde an der Stellschraube gedreht, was dazu führte, daß die Schüsse verstreut auf der Scheibe saßen und keiner von uns beiden schließlich wußte, wie die Waffe wirklich schoß. Wir brachen ab, als meine Verunsicherung den Höhepunkt erreicht hatte, und fuhren zum Farmhaus zurück.

Am frühen Morgen, machten wir uns auf den Weg nach Windhoek, um den Büchsenmacher aufzusuchen. Das Zielfernrohr wurde fachmännisch justiert, die Waffe mit neuer Munition eingeschossen, (meine war durch die vielen Probeschüsse weitgehend aufgebraucht) und alles schien wieder in bester Ordnung zu sein. Als wir wieder auf der Farm waren, gab ich mehrere Schüsse auf eine Scheibe ab und sie saßen alle im Schwarzen. Ich war zufrieden, konnte aber meine Fehlleistungen der letzten Tage nicht vergessen. Mein Selbstbewußtsein war doch ziemlich mitgenommen und ich hatte Bedenken auf Wild zu jagen und zu schießen. Ein Ruhetag war in dieser Situation genau das Richtige. Aber dann, kam am Abend des folgenden Tages, der Nachbarfarmer zu Besuch und bot mir an, bei ihm auf Springböcke zu jagen. Ich nahm die Einladung erfreut an. Ein neuer Jagdführer und ein Jagdrevier, das ich noch nicht kannte, sollten mich, so hoffte ich, auf andere Gedanken bringen und mir helfen, meine Verunsicherung zu überwinden.

Wir fuhren am nächsten Morgen beizeiten los, um bei Tagesanbruch mit dem Jagen beginnen zu können. Das Gelände auf der Nachbarfarm war offen und flach, nur an der nördlichen Grenze erhob sich eine Kette grauer, langgezogener Berge. Es gab frisches, kurzes Gras, was eine gute Jagd auf Springböcke erwarten ließ. Schon morgens war es heiß, die Luft flirrte über der Ebene, die nur selten von einem Baum oder Strauch unterbrochen wurde. Bald hatten wir eine Herde Springböcke in einem der zahlreichen Camps entdeckt. Als sie unseren Geländewagen sahen, begannen sie zu laufen und tanzten in einer langen Kette über den roten Sand. Silbern leuchteten die graziösen Körper in der Sonne und unter ihren schlanken Läufen quirlten kleine Wölkchen purpurnen Staubes. Auch als sie schon außer Reichweite waren, jagten sie noch in übermütigen Sprüngen davon, bei einigen von ihnen, blitzten die aufgestellten Prunkhaare auf, dann waren sie in einer Senke verschwunden. So ging es uns auch mit anderem Wild, auf welches wir stießen. Sobald sich unser Fahrzeug am Horizont zeigte, flüchteten Gems- und Springböcke in Panik. War hier etwa des öfteren aus dem Fahrzeug geschossen worden?

Dann aber entdeckte Jan, der mit mir auf der Plattform des Geländewagens fuhr, weit entfernt, einen gelbbraunen Punkt in der Landschaft, den er als einen Springbock ansprach und der das Fahrzeug noch nicht gesehen zu haben schien.

Im Fernglas konnte ich zweifelsfrei erkennen, daß es tatsächlich ein Springbock war. Ich klopfte auf das Wagendach, unser vereinbartes Zeichen beim Auftauchen von Wild. Wir hielten an und sprangen ab. Gedeckt durch einen schmalen Dornbuschstreifen, arbeiteten wir uns langsam an den Springbock heran, der, wie wir uns in kurzen Abständen überzeugten, noch an seinem Platz stand und äste. Es dauerte eine ganze Weile bis wir auf Schußentfernung an ihn herangekommen waren. Der Bock war stark, was nicht nur an seinem massigen Körper zu erkennen war, sondern auch an seinen lyraförmigen Hörnern, welche lang und als Zeichen der Reife nach hinten gebogen waren. Aber nun hatte uns der Bock auch schon entdeckt. Er stürmte los, auf seiner Flucht einen Halbkreis nach rechts beschreibend, um dann nochmals kurz stehen zu bleiben. Ich hatte meine Waffe bereits in der Gabel des Zielstockes liegen und drückte ab, eben, als der Bock seine Flucht fortsetzen wollte. Der Schuß riß ihn von den Läufen und mit seinem Sturz, fiel auch ein großer Stein von meinem Herzen. „Du kannst es also doch noch", dachte ich mir, denn mit dem Schuß, konnte ich durchaus zufrieden sein. Die Entfernung betrug immerhin an die 200 Meter und da war auch nicht viel Zeit gewesen, um ins Ziel zu gehen: eine Sekunde später wäre der Bock wieder auf der Flucht und unerreichbar gewesen.

Aber nicht nur ich war erleichtert, auch meinem Begleiter konnte man die Freude ansehen. Als wir dann vor dem Bock standen, sah ich mit Befriedigung, daß der Schuß, wie abgezirkelt, auf dem Blatt saß. Nach all den schlechten Schüssen der letzten Tage, war dies wahrhaftig ein Grund zur Freude. Als ich später gefragt wurde, ob ich noch auf einen weiteren Springbock jagen wollte, stimmte ich zu. Natürlich wollte ich jetzt weiterjagen, meine Waffe schien ja wieder exakt zu schießen und ich hatte mit dem gelungenen Schuß, ein Stück nötiges Selbstvertrauen zurückgewonnen. Kaum eine Stunde später, stand ich vor meinem zweiten Springbock, der noch stärker als der erste war.

Es lief also alles viel besser, als zuvor, und ich hatte wieder Freude an der Jagd. Die nächsten Tage jagten wir auf einer Nachbarfarm und ich schoß noch einen guten Oryx- und Hartebeestbullen.

Dann folgte eine Reihe von Ansitzen an einem Wasserloch, wo ich einen Warzenkeiler zu überlisten hoffte; aber es war kein jagdbarer, stärkerer Keiler unter den zahlreichen Warzenschweinen, die das Wasserloch aufsuchten. Trotzdem wurden mir die Ansitze nicht langweilig. Da gab es die vielen Tauben, Kap- und Senegalturteltauben, die den Kolk, um zu schöpfen, anflogen. Glanzstare kamen in Schwärmen ans Wasser, herrlich schimmernde Blaurakeln wiegten sich im Wind auf den Zweigen der Weißdornbüsche. Das Zwitschern der Webervögel, die mit dem Bau ihrer kunstvollen, tropfenförmigen Nester beschäftigt waren, erfüllte die Abendluft, und Kakadus mit ihren eindrucksvollen Hauben, ließen ihr warnendes „hiäh“ erschallen, sobald sie mich entdeckt hatten. Zerbrechlich wirkende „Witwen“, mit ihren überdimensionalen Schwänzen mühten sich, gegen den Wind anzufliegen, und einmal kam ein herrlich bunter „Reichsvogel“ bis auf wenige Meter an mein Versteck heran und ließ sich eine Zeit lang in seiner Farbenpracht bewundern. Frankoline suchten im Sand nach Körnern, und Perlhühner reckten ihre langen Hälse, sorgfältig nach Greifvögeln Ausschau haltend, bevor sie sich ans Wasser wagten.

So verging die Zeit wie im Flug, bis schließlich die Sonne, glutrot, hinter dem Horizont verschwunden war und rasch die Dämmerung hereinbrach. Da hörte ich auch schon in der Ferne das Poltern des Geländewagens, der kam, um mich wieder zum Farmhaus zu bringen.

Ich flog dann wieder zurück nach Deutschland, wo der Winter immer noch nicht aufgegeben hatte. Eine Menge neuer Eindrükke hatte ich gewonnen, und es hatte sich auf dieser Reise einmal mehr bestätigt, daß man, selbst als erfahrener Jäger, immer noch dazulernen kann. Ich nahm mir vor, mich in Zukunft, nicht mehr zu unkontrollierten Schüssen, über zu große Entfernungen hinreißen zu lassen und bei geführten Jagden, wenn es mir notwendig erschien, mehr eigenverantwortlich zu handeln. Ich wußte zwar, daß dies nicht leicht sein würde, aber ein gut gemeinter, fester Vorsatz ist auch schon viel wert.

Daß marodisierende Banden, aus dem, vom Bürgerkrieg geplagten, Tschad, gelegentlich über die Grenze kamen, um Elfenbein zu wildern, hatte E., noch bevor wir mit dem Jagen begannen, nebenbei erwähnt. Aber Elfenbeinwilderei gab es ja inzwischen überall in Afrika, wo Elefanten zu finden waren. Das war nichts Besonderes und ich nahm die Sache deshalb auch nicht allzu ernst.

E. jedoch, wollte kein Risiko eingehen. Wenn wir morgens das Camp im Geländewagen verließen, hieß er uns die Waffen zu laden, um jederzeit bereit zu seien, falls wir auf solche Marodeure, die wie er meinte, unberechenbar sein, stoßen sollten. Und wenn unsere Frauen im Camp zurückblieben, stellte er zwei bewaffnete Männer zu ihrer Bewachung ab. Mir schien das alles übertrieben und für einen Fall gedacht, der, wie ich glaubte, nie eintreten würde.

Als wir dann wiederholt beim Jagen auf frische Spuren im Busch stießen und Feuerstellen fanden, in denen sich noch warme Asche befand und dies in einem Gebiet, in dem sich im Umkreis von 50 Kilometern außer uns, keine Menschen aufhalten sollten, wurde ich nachdenklicher. Und dann war da die Sache mit dem Elefanten. Wir waren hinter Riesenelands her, die wir an einer Salzecke vermuteten; aber statt der Elands, fanden wir, als wir dort ankamen, einen verendeten Elefanten, dem die Stoßzähne ausgebrochen waren. Er wies mehrere Schußverletzungen aus einer großkalibrigen Waffe auf. Einige Tage zuvor hatten wir, nicht weit von diesen Salzecken entfernt, einige Schüsse gehört. Von nun an waren wir besonders vorsichtig und hielten die Augen offen, wenn wir im Busch unterwegs waren. Die nächsten Tage blieb es ruhig, bis wir eines späten Nachmittags, nach dem Jagen, zum Camp zurückfuhren. Plötzlich fielen um uns einige Schüsse. Unser Fahrer gab Gas und wir erreichten wohlbehalten das Camp. Keinem von uns war etwas geschehen, nur unser Jeep wies am rechten, vorderen Kotflügel zwei Einschüsse auf. Von da an war mir der Spaß am Jagen vergangen.

Ein Opfer der Geier

Eine gute Portion Pech und eigenes Versagen waren zusammengekommen und hatten dazu geführt, daß uns der starke Springbock verloren ging und ein Opfer der Geier und Schakale wurde. Aber es hätte nicht so zu kommen brauchen, das war das Schlimme daran. Vielleicht wäre es klüger gewesen, nicht gleich, nachdem ich angekommen war, mit dem Jagen zu beginnen. Schließlich hatte ich einen Nachtflug hinter mir und war ziemlich übermüdet. Ein Ruhetag hätte mir sicher gut getan. Auch auf den sonst obligatorischen Probeschuß hatte ich aus irgendwelchen Gründen diesmal verzichtet. S., der mich, wie bereits die letzten Jahre, führte, hatte es, wie immer, eilig. Daß wir nicht auf direktem Weg vom Flughafen ins Revier fuhren, war schon beinahe ein kleines Wunder. Als ich dann beim rasch eingenommenen Mittagessen im Farmhaus äußerte, daß ich darauf Wert legte, einen guten Springbock zu schießen, war es für S. wohl klar gewesen, daß wir dafür eine Menge Zeit benötigen würden und deshalb Eile geboten sei. Springböcke gab es nämlich in dieser Gegend nicht in größerer Zahl, in manchen Jahren waren es einige mehr, dann wieder einige weniger, und manchmal blieben sie ganz aus. Das hing wohl davon ab, ob Regen fiel und frisches Gras da war, oder ob es trocken blieb. S. begann logischerweise immer mit der Jagd auf die Wildart, welche voraussichtlich die größten Probleme bereiten und die meiste Zeit in Anspruch nehmen würde. Oryx, Hartebeester, Kudus und Warzenschweine, die gab es in ausreichender Zahl, das wußte er. Davon je ein Exemplar zu bekommen, würde nicht all zu schwer sein. Aber mit Springböcken, da sah es eben anders aus. Es war schon ein Zufall, wenn man irgendwann auf einen Springbock stieß, und es war etwas ganz Besonderes, wenn es dann noch ein guter Bock war. Nicht jeder Jäger, der auf dieser Farm jagte, ist auch mit einer Springbocktrophäe wieder nach Hause gefahren; vielleicht schon mit irgendeiner, aber nicht mit einer guten. Starke Böcke waren eben rar.

Daß wir schon wenige Stunden, nachdem ich angekommen war, auf einen besonderen Springbock stoßen würden, damit hatten weder S., noch ich gerechnet. Jedes andere Wild hätten wir an dem kleinen Wasserloch, dem wir uns behutsam genähert hatten, erwartet. Er aber stand einfach da und ließ sich von uns in Ruhe betrachten. Es brauchte keines Hinweises von S., daß dies ein besonders starkes Exemplar seiner Gattung war: Die Stärke seiner Hörner konnte auch ich nicht übersehen. Eigentlich war ich zu diesem Zeitpunkt noch gar nicht recht aufs Schießen eingestellt, ich brauche immer erst eine gewisse Zeit, um mich mit Wild und Umgebung vertraut zu machen, aber jetzt waren es besondere Umstände, die beinahe keine andere Wahl zuließen. Hätte ich es abgelehnt, auf den Springbock zu schießen, wäre S. sicher enttäuscht, wenn nicht gar verstimmt gewesen, und das hätte sich auf die gesamten, noch folgenden Jagdtage auswirken können. Und um ehrlich zu sein: Gerne wollte ich diesen Bock nicht laufen lassen, zumal ich mir bewußt war, daß die Wahrscheinlichkeit, ihn wiederzusehen, oder einen anderen ähnlich starken ausfindig zu machen, äußerst gering war. S. drängte mich, nach einem nochmaligen kurzen Blick durch sein Glas, zu einem raschen Schuß und bot mir auch sogleich seine Schulter zur Auflage, was ich bei einem freihändigen Schuß, über eine größere Distanz, durchaus schätze, aber es war halt die falsche Schulter. Er schien vergessen zu haben, daß ich als Linksschütze seine rechte Schulter benötigt hätte, um meinen linken Arm sicher abstützen zu können. Er aber hielt mir nun mal die linke Schulter hin, den Blick fest auf den Springbock gerichtet. Wer wollte ihn dafür tadeln, daß er meine etwas von der Norm abweichenden anatomischen Gegebenheiten, seit dem letzten Jahr, offensichtlich vergessen hatte. Die Situation erlaubte jedenfalls keine längere Diskussion darüber; denn der Bock hatte inzwischen unsere Anwesenheit bemerkt, wandte uns, aufmerksam geworden, sein Haupt zu, und alles deutete darauf hin, daß er in den nächsten Sekunden das Weite suchen würde. Es war also keine Zeit mehr zu verlieren! Ich machte deshalb von der mir angebotenen rechten Schulter Gebrauch, stützte, so gut es eben ging, Arm und Gewehrlauf ab, ging rasch ins Ziel, und da war auch schon die Kugel aus dem Lauf. Im selben Augenblick, in dem ich den Abzug drückte, hatte ich das Gefühl, aus dem Ziel herausgewackelt zu sein. Ich war schlecht abgekommen, das stand fest! Um so erstaunter war ich, als ich sah, daß der Springbock blitzartig zu Boden ging. S., der sich während des Schusses die Ohren mit beiden Händen zugehalten hatte, rief erfreut: „Guter Schuß!", und er wollte mir schon die Hand schütteln und mir zu dem, wie er noch meinte, „perfekten Schuß" gratulieren, als sich der vermeintlich, mausetote Springbock, vor unseren Augen aufrappelte, einige Sekunden lang auf wackligen Läufen, aber immer schneller werdend, das Weite suchte. Als mir bewußt wurde, daß das Verhalten des Bockes die Folge eines Krellschusses sein könnte und nur ein rascher zweiter Schuß vielleicht noch zu einem guten Ausgang der üblen Situation führen konnte, war es dafür bereits zu spät. Die wenigen Büsche, welche in der Umgebung standen, reichten aus, um mir die Sicht auf den abspringenden Bock zu nehmen. Wir liefen zwar noch ein Stück hinter ihm her, konnten ihn aber nicht mehr sehen. Vor uns breitete sich das weite Grasland aus, das zwar überall mit Büschen durchsetzt war, aber man konnte es trotzdem bis zum Horizont überblicken. Da war kein Springbock und auch kein anderes Wild zu sehen, die Ebene war wildleer! Es war eine sehr unbefriedigende Situation, in die ich gekommen war. Eine Fährte war nicht zu erkennen, auch Schweiß konnte ich nirgendwo sehen. Genauso erging es S., der den Ort des Anschusses aufmerksam untersuchte, aber außer den Schaleneingriffen, die der getroffene Bock hinterlassen hatte, keine weiteren Schußzeichen fand. Bald war uns klar, daß eine schwierige Nachsuche, mit der wir beide überfordert sein würden, bevorstand. Da konnte, wenn überhaupt, nur Jan, unser schwarzer Begleiter, helfen. Ihn hatten wir, als wir eine halbe Stunde zuvor an das Wasserloch gepirscht waren, am Landrover zurückgelassen.

Jan war ein Nama und Teil der Mannschaft der schwarzen Farmarbeiter, welche sich überwiegend aus Hereros zusammensetzte. Er hatte nicht deren Größe und Schlankheit, sondern war von kleiner, untersetzter Figur. In den jagdlichen Fähigkeiten überragte er jedoch alle anderen. S. hatte ihn deshalb längst als bevorzugten Begleiter ausgewählt, wenn er Jagdgäste führte. Ich kannte ihn schon seit vielen Jahren und hatte im Laufe der Zeit sein besonderes Talent, bei schwierigem Nachsuchen, oder beim Anpirschen von

Wild, kennengelernt. Ich mochte ihn gern, wegen seiner bescheidenen und zurückhaltenden Art, und seines ruhigen und besonnenen Verhaltens, beim Jagen. Er machte nicht viel Aufhebens, um eine erfolgreich abgeschlossene Nachsuche, war eher erstaunt, wenn man seine erbrachte Leistung lobte, da sie für ihn eher selbstverständlich war. Sein spärlicher Chinesenbart, war in den letzten Jahren grau geworden, sein Gang etwas schleppender, und die Augen schienen vor allem im Erkennen von Wild, auf große Entfernungen, nicht mehr so scharf, wie früher zu sein. Wenn ich früher mit ihm hinten auf dem Geländewagen fuhr, dann war er es gewesen, der das Wild, welches in der Landschaft stand, immer zuerst entdeckte. Jetzt kam es schon gelegentlich vor, daß ich das eine oder andere Stück Wild, vor ihm sah. Aber im Auffinden und Verfolgen einer Fährte, da war er immer noch hervorragend, ja unübertroffen. Er trug zu jeder Jahreszeit eine abgetragene, olivfarbene Militärjacke aus dicker Wolle, selbst wenn das Thermometer bei 30 Grad und noch darüber stand und schien sich darin wohl zu fühlen. Temperaturen unter 30 Grad behagten ihm nicht so recht, und der Fahrtwind auf dem offenen Geländewagen, für mich immer eine willkommene Erfrischung, war für ihn stets Anlaß, seine Jacke bis obenhin zuzuknöpfen und den Kragen hochzuschlagen. Als mir seine Vorliebe für warme Kleidung bekannt wurde und ich ihm eines Tages einen dicken Pullover schenkte, da trug er ihn trotz der drückenden Hitze, bereits am nächsten Tag, und ich glaubte, er tat es nicht nur, um mir zu zeigen, daß er mein Geschenk schätzte.

Jan hatte also meinen Schuß gehört und rückte nun mit dem Wagen zu uns auf. Schon nach wenigen Minuten, hatte er die Fährte des kranken Springbockes gefunden. Da und dort war ein Grashalm geknickt, auf den er uns aufmerksam machte, oder ein kleiner Stein, hatte unter den Schalen des abspringenden Bockes, seine Lage verändert. In größeren Abständen war auch etwas Schweiß am hohen Gras abgestreift, viel zu wenig jedoch, um irgendwelche Rückschlüsse auf die Art der Verletzung ziehen zu können. Je weiter wir uns vom Anschuß entfernten, ohne auf ein Wundbett zu stoßen, um so geringer wurden unsere Hoffnungen, auf ein baldiges Ende der Nachsuche, oder gar auf einen glücklichen Ausgang. Inzwischen hatte Jan die Fährte einige hundert Meter sicher ausgearbeitet, dann aber ging es nur noch langsam und meterweise voran, denn immer spärlicher wurden die Hinweise auf dem harten und steinigen Boden, und schließlich kam auch er nicht mehr voran, und wir brachen ab. S. lief zurück, um das Auto zu holen. Er versprach sich nichts mehr von einer weiteren Nachsuche und wäre wohl am liebsten nach Hause gefahren, aber um mir ein Zugeständnis zu machen, wollte er das Gebiet weiträumig mit dem Auto absuchen, „auf gut Glück", wie er meinte. Und während er das Auto holen ging, löschten Jan und ich unseren Durst aus den Wasserflaschen, die wir umgehängt hatten. Bald hörten wir Motorengeräusch und sahen über dem hohen Gras, das schwankende Dach, des sich langsam nähernden Geländewagens, den wir, als er herangekommen war, rückwärts bestiegen. Von der Ladefläche des Wagens, hatte man zwar die bessere Sicht, als vom Boden aus, und trotzdem war die Suche mit dem Auto „auf gut Glück" keine so gute Idee, wie sich schon bald herausstellen sollte.

Der Versuch, die Fährte zu Fuß weiter zu verfolgen, auch wenn es schwierig war, wäre wohl die bessere Entscheidung gewesen. Wir waren noch keine zweihundert Meter gefahren, als vor uns, im hohen Gras, ein gelbbrauner Rücken auftauchte, der zu einem Springbock gehörte. Es war, da gab es wohl keinen Zweifel, unser Springbock. Das Geräusch, des sich nähernden Geländewagens, hatte ihn aus dem Wundbett aufgescheucht, und nun lief er, was er konnte, und war so schnell, wie jeder andere gesunde Springbock. Aber er verhielt sich etwas anders als sonst, wenn sich ein Springbock auf der Flucht befindet. Es fehlten die hohen und weiten Sprünge, die ja dem Springbock seinen Namen geben und die man immer beobachten kann, wenn dieses Wild auf der Flucht ist. Sollte dies ein Hinweis darauf sein, daß dieser Springbock eine Verletzung seiner Rückenmuskulatur hatte, und, daß er deshalb die Sprünge vermied? Vieles sprach dafür, und daß meine Vermutung zutraf, sollte sich bald zeigen: Wir konnten seine Flucht über die Ebene für längere Zeit verfolgen. Am Horizont zog sich die dunkle Linie eines Weidezaunes entlang. Darauf lief der Bock zu, wir sahen noch, wie er den Zaun durchquerte, dann verloren wir ihn aus den Augen. Die

Stelle, wo der Bock den Zaun passiert hatte, fanden wir später ohne Mühe. Da war eine flache Mulde unter dem Draht, welche die Läufe vieler Springböcke, Oryx und Hartebeester auf ihren Wegen von einem zum anderen Weideplatz im Laufe der Jahre aus dem harten Boden herausgescharrt hatten. Am untersten Draht aber, da war es feucht und rot, da war Schweiß, den der Springbock beim Unterkriechen des Zaunes von seinem Rücken abgestreift hatte. Es war nicht viel, aber es war deutlich zu sehen. Dies war die Bestätigung unserer Vermutung, und alles fügte sich zu einem klaren Bild zusammen: Das blitzartige Zusammenbrechen des Bockes, sein bewegungsloses Verharren am Anschuß, für die Dauer von einigen Sekunden, sein sich torkelndes Erheben und das nach einigen unsicheren Schritten anscheinend gesunde Abspringen. Wir hatten mit unserer Vermutung eines Krellschusses recht behalten.

Die Sonne stand schon beinahe am Horizont; die Büsche warfen bereits lange Schatten, und da wir uns deshalb von einer weiteren Nachsuche keinen Erfolg mehr versprachen, traten wir den Rückweg an. Wir hatten unsere Chance vertan, als wir unsere Nachsuche nicht konsequent fortgesetzt hatten und statt dessen mit dem Auto „auf gut Glück“ durch das Gelände gefahren waren, und den Bock aus dem Wundbett hochgemacht hatten. Zu Fuß wären wir näher an den Bock herangekommen, und ein Fangschuß wäre wohl möglich gewesen. Aber das war nun Schnee von gestern, und alles „wenn und aber“ brachte nichts mehr.

Der Bock ließ uns aber dennoch keine Ruhe. An den nächsten beiden Tagen richtete es S. so ein, daß unser Weg, wenn wir zur Jagd fuhren, dort vorbeiführte, wo wir ihn zuletzt gesehen hatten. Dann suchten wir mit unseren Gläsern aufmerksam die Ebene ab, ob sich nicht irgendwo im einförmigen Grün der Ebene ein gelbbrauner Fleck zeigen würde. Da war jedoch kein Springbock auffindbar. Es waren aber auch keine Aasgeier zu sehen, die, wenn ein Stück Wild verendet ist, sofort zur Stelle sind. Auf sie ist am meisten Verlaß; denn ihren scharfen Augen kann nichts entgehen, was krank oder verendet ist. Eine Zeitlang hatten wir daher die Hoffnung, daß der Bock seine Verletzung überlebt hatte. Aber als wir uns dann eines Morgens der Wasserstelle näherten, an der ich vier Tage zuvor den Springbock beschossen hatte, da saßen vier oder fünf, dieser häßlich anzuschauenden Gesellen auf einem Baum, und die gleiche Zahl war darunter versammelt, und als wir weiter herankamen, da nahmen sie Anlauf und erhoben sich, schwerfällig mit den Flügeln schlagend, in die Luft. Keiner von uns sprach ein Wort, denn wir wußten auch so, was dies zu bedeuten hatte.

Das Mahl war längst vorüber. Geier und auch Schakale, von denen ich zwei davonschleichen sah, hatten es sich geteilt und nur ein fast blankes Gerippe war übriggeblieben. Das war also der Rest meines Springbockes, der da vor uns lag, und es war für mich ein recht bedrückendes Bild. Jedes Stück Wild macht den, der es erlegt hat, betroffen genug, der Anblick dieser abgenagten Knochen, den ich immer noch in Erinnerung habe und die Vorstellung, was sich bis dahin zugetragen hatte, lösten in mir ein Gefühl der Erschütterung und auch der Schuld aus. Wir hatten die falsche Entscheidung getroffen, hatten Fehler begangen, und die Folgen waren nicht ausgeblieben.

Eine verhängnisvolle Verwechslung

Schon oft habe ich mich gefragt, wie es damals zu dieser verhängnisvollen Verwechslung kommen konnte, die dazu geführt hat, daß ich einem angeschossenen Oryx den leicht anzubringenden Fangschuß nicht gab, statt dessen aber einen anderen schoß, den ich gar nicht schießen wollte. Wenn ich heute darüber nachdenke, liegen die Fehler, die mein Jagdführer und ich gemacht haben, klar auf der Hand. Wie leicht wären sie zu vermeiden gewesen!

Ja, wenn man sich auf der Jagd immer rational genug verhalten würde! Aber da sind der Jagdeifer und der Zeitdruck, unter dem man manchmal steht, und beide zusammen, führen eben oft zu falschen Entscheidungen. So war es auch damals.

Wir waren hinter Oryx her, die Jagdtage neigten sich dem Ende zu, und ich wollte nicht nach Hause fliegen, ohne einen geschossen zu haben. Von den anderen Wildarten hatte ich schon alles, was ich wollte, erlegt. Es fehlte eben nur noch ein passabler Oryx, aber soviel Mühe wir uns auch gaben, wir kamen an keinen, in aussichtsreicher Schußentfernung, heran. Es gab welche und nicht zu knapp, aber wir sahen meist nur ihre Hinterteile, wenn sie sich schon auf der Flucht befanden.

Den ganzen Tag waren wir schon unterwegs, auf der Suche nach ihnen, und es blieb nicht mehr viel Zeit, denn die Sonne stand schon recht tief, und Büsche und Bäume warfen bereits lange Schatten. Am Wasserloch und an der Salzlecke waren wir leer ausgegangen. Außer ein paar Pavianen und Warzenschweinen war nichts ans Wasser gekommen.

Jetzt fuhren wir nach Osten, hinein in das hügelige Gelände. Vielleicht war es ja in den Hügeln leichter, an Oryx heranzukommen, als in der ausgedörrten Ebene, wo es kaum noch Gras gab, die wenigen Büsche kaum noch Blätter trugen, und, wo man vom Wild, auf viele hundert Meter gesehen wurde.

Wir hatten die Hügel bald erreicht, die sich, ohne Übergang aus der Ebene erhoben, und als wir an dem ersten vorüberfuhren, sah ich tatsächlich zwei Oryx auf halber Höhe den Hang hochziehen. Sie waren noch weit entfernt und hatten uns daher auch noch nicht wahrgenommen. Selbst als wir anhielten und aus dem Fahrzeug stiegen, zogen sie unbeirrt weiter, ohne zu beschleunigen. Rasch hatte S., der mich begleitete, die beiden angesprochen. Es waren, wie es ihm schien, ein recht guter Bulle und eine ihn begleitende Kuh. „Also, los!" sagte S. zu mir, „folgen wir ihnen! Vielleicht kommen wir nahe genug an sie heran, ohne daß sie uns bemerken!"

Wir stiegen den Hang hoch, vorsichtig den beiden nachpirschend. Es gab etwas Deckung, wenn auch nicht viel, einige, größere Felsbrocken und ein paar Hackiebüsche, gerade genug, um gebückt, von dem einen, zum anderen zu schleichen, immer das Wild vor uns im Auge behaltend. Je weiter wir nach oben kamen, um so offener wurde das Gelände und schließlich fehlte auch die geringste Deckung; es gab nur noch kahlen, steinigen Boden. Zudem schienen die beiden jetzt etwas bemerkt zu haben. Sie standen nun schräg oberhalb von uns und wandten uns, ihre, wie Masken gezeichneten Häupter, zu. Da war kein Näherkommen mehr möglich! Jeder weitere Schritt hätte sie wohl zur Flucht veranlaßt. „Nehmen Sie den rechten", hörte ich S. neben mir leise flüstern, „und beeilen Sie sich, es ist höchste Zeit, gleich werden sie weg sein!"

Als ich schoß, gab es einen hellen Kugelschlag, der Oryx sprang hoch und stürmte hangaufwärts dem Kamm zu. „Das sieht nach Vorderlaufschuß aus", sagte S. bitter und nahm sein Glas von den Augen. Nun ist ein Laufschuß zwar sehr bedauerlich, aber auch ein Ereignis, mit dem man bei einem, auf größere Entfernung abgegeben, freihändigen Schuß, das eine, oder andere Mal, rechnen muß. Wenn da nicht schon zuvor ein anderer Laufschuß bei einem Hartebeest gewesen wäre! Es war die offensichtliche Wiederholung eines Schusses, der eine Ausnahme sein sollte, und bei mir daher ein frustrierendes Gefühl der Scham und Enttäuschung auslöste.

Aber es sollte noch schlimmer kommen. Die beiden Oryx waren bergauf geflüchtet und hinter dem Kamm verschwunden. So rasch es ging, folgten wir ihnen, denn bei einem Laufschuß, ist er einmal passiert, heißt es am Wild dranbleiben. Bald hatten wir den Kamm erreicht, hinter dem sich die steinige Kuppe des Hügels befand. Ein schmaler Streifen von Büschen, zog sich am Kamm entlang, und als wir den hinter uns gelassen hatten, breitete sich die flache Kuppe des Berges vor uns aus, und in der Mitte dieses Plateaus, stand ein einzelner Oryx. Nur der obere Teil war von ihm aus unserer Position zu sehen, alles Übrige war durch Büsche verdeckt. War es nun der mit dem Laufschuß, oder war es ein anderer? Einiges sprach dafür, daß es der Angeschossene war, denn obwohl er uns bemerkt zu haben schien, machte er keine Anstalten zu flüchten. „Das ist der kranke“, flüsterte S. mir zu, „versuchen Sie ihm den Fangschuß zu geben!“ Als ich jedoch geschossen hatte, und der Oryx gefallen war, geschah etwas Erstaunliches. Eben an der Stelle, an der der Oryx gerade gefallen war, tauchte ein anderer (oder war es derselbe?) auf und zog hinter den Büschen hervor; und als er völlig frei war, da gab es nun keinen Zweifel mehr: Dieser schonte den rechten Vorderlauf! Durch seine Laufverletzung war er langsam geworden, wie leicht wäre es gewesen, ihn nun zur Strecke zu bringen. Ich war auch schon im Anschlag und hatte ihn im Zielfernrohr, da hörte ich S. hinter mir: „Schießen Sie nicht mehr, er hat ja den zweiten Schuß und wird gleich fallen!“

Aber das war ein verhängnisvoller Trugschluß: Zu unserer beider Überraschung, wurde der Oryx, trotz der Laufverletzung, immer schneller und war bald in den Büschen verschwunden. Mit Mühe konnte ich S. davon abhalten, gleich wieder hinter dem Oryx herzulaufen, denn ich hatte weiter das unbestimmte Gefühl, daß irgend etwas nicht stimmte: Hatte ich vielleicht zwei verschiedene Oryx beschossen? Und es war auch so! Wir suchten den Anschuß, und da lag ein verendeter Oryxbulle, und der hatte keinen Laufschuß, sondern einen sauberen Blattschuß. Der Oryx, mit dem Laufschuß, aber war entkommen, obwohl es so leicht gewesen wäre, ihm den Fangschuß zu geben.

Wir fanden die verletzte Oryxkuh, trotz aller Mühe, die wir uns gaben, nicht mehr. Die Fährte, die anfänglich gut erkennbar war, verlor sich irgendwann auf dem steinigen Boden, und unsere freie Suche auf gut Glück blieb erfolglos. Da half alles Hadern nichts, die Fehler, die wir gemeinsam, mein Jagdführer und ich, begannen hatten, waren nicht mehr gut zu machen.

Die Moral von der Geschichte: Auch ein guter Jagdführer kann sich täuschen und eine Situation falsch beurteilen.

Natürlich bekamen wir es mit der Angst zu tun, als wir bemerkten, daß es brannte. Wir hatten ja keine Ahnung, woher das Feuer kam und wohin wir uns wenden sollten. Es war schwer, in dieser Situation einen klaren Kopf zu behalten und nicht in Panik zu verfallen.

Wir hatten am Nachmittag im Süden der Estanzia auf Spießhirsche gejagt und waren gerade dabei, das Abendessen vorzubereiten, als sich der Himmel verdüsterte und wir in der Ferne ein dumpfes Prasseln hörten. Es dauerte nicht lange, da sah man auch schon am Horizont den Schein des Feuers. Es kam rasch näher, genau auf das Haus zu. Wir nahmen, was wir tragen konnten an uns, verließen das Haus und liefen, als wir wußten, woher das Feuer kam, in die andere Richtung.

Der ganze Busch im Norden brannte nun lichterloh. Das Schlimme war der starke Wind, der das Feuer genau auf das Haus zutrieb.

Nach einer halben Stunde waren wir aus dem Busch heraus. Ich war ziemlich fertig, aber froh, daß wir es geschafft hatten. Zum Glück ließ der Wind gegen Mitternacht nach. Wir blieben die ganze Nacht draußen, und als wir am Morgen zurückgingen, sahen wir, daß das Feuer, einige hundert Meter vor dem Haus, zum Stehen gekommen war. Wir waren beide erleichtert, daß das Haus noch stand und daß wir heil davongekommen waren.

Taubenjagd im paraguayischen Chaco

Man kann Tauben in Paraguay auf verschiedene Art und in verschiedenen Landstrichen bejagen und wird immer mehr oder weniger Erfolg haben, denn Tauben sind das am häufigste, vorkommende Wild, in diesem Land. Man trifft sie über das ganze Land verbreitet an. Für den Jäger sind jedoch nur die Gebiete von Bedeutung, in denen sich zu bestimmten Zeiten, besonders viele Tauben ansammeln, und das sind unter anderem, die landwirtschaftlich genutzten Flächen, in den Mennonitenkolonien des Chaco. Wie die Ringeltaube in manchen Gegenden Deutschlands und Englands, können sie dort, zu bestimmten Jahreszeiten, zur reinsten Plage werden. Vor allem Erdnuß- und Kafirfelder, ziehen Tauben wie ein Magnet an, und zur Zeit der Körnerreife gefährden manchmal Schwärme von vielen Hunderten oder gar Tausenden die Ernte. Jeder Landwirt in den Mennonitensiedlungen wird dann froh sein, wenn ein Jäger um Erlaubnis bittet, auf seinen Feldern jagen zu dürfen, und wird seine Zustimmung wohl geben, ohne dafür auch nur einen Guarani zu fordern. Abgesehen von den Patronen, die man verschießt, entstehen keine weiteren Unkosten, und es ist deshalb nicht nur eine billige und interessante, sondern auch eine für die Landwirtschaft nützliche Tätigkeit, den hohen Bestand dieser Vögel zu reduzieren. An solchen Orten kann man dann sehr große Strecken erzielen. In Tarnkleidung und mit einer gut schießenden Flinte ausgerüstet, im Schatten eines Baumes stehend, darf der passionierte Jäger, mit etwas Glück und Können, beim morgendlichen, oder nachmittäglichen Strich, eine Strecke erwarten, die bei hundert Tauben, manchmal auch darüber liegen kann.

Doch die Taubenjagd ist in Paraguay nicht sehr populär, und es gibt nur wenige Jäger, die Gefallen daran haben. Das sind dann meistens europäische Einwanderer, welche die Liebe zur Taubenjagd, aus ihrem Heimatland mitgebracht haben.

Keine großen Strecken wird man beim Jagen im offenen Buschland des Chaco erzielen, da die Tauben dort nur in kleinen Gruppen vorkommen, also nicht in so großen Flügen, wie sie sich auf den landwirtschaftlich genutzten Flächen konzentrieren. Andererseits mag aber der Reiz einer solchen Jagd für manchen Waidmann größer sein, da die Tauben im Busch in der Regel wachsamer und deshalb schwerer zu überlisten sind.

Im dichten, nahezu undurchdringlichen Busch des Chaco ist eine Jagd auf Tauben und anderes Wild praktisch ausgeschlossen; niemand wird das dort versuchen. Lediglich auf den „picadas", also den Wegen, die da und dort den Busch durchqueren, oder in den sogenannten Naturcamps (das sind buschfreie, nur mit einzelnen Bäumen bewachsene Flächen) kann man die Jagd ausüben. Die größten Aussichten auf Erfolg hat man dort, wo es Wasser gibt, denn Tauben müssen mehrmals am Tag Wasser schöpfen, und so kann man an den Wasserlöchern oder „tajamares", wie sie im Chaco genannt werden, in den Morgen- oder Abendstunden oft einen guten Strich erleben.

Drei Arten von Tauben kommen im paraguayischen Chaco unter mehreren anderen besonders häufig vor. Das ist zuerst einmal die „große Taube" oder „paloma grande", wie sie von den Einheimischen genannt wird, die sowohl in Größe, als auch Aussehen, Ähnlichkeit mit unserer Ringeltaube hat, auch wenn ihr der typische weiße Ring am Hals fehlt. Schwingen und Stoß sind auf der Oberseite Graublau gefärbt, die Brust ist rotbraun bis violett tingiert, der Bauch hell und die Haut um das Auge ist als charakteristisches Kennzeichen dunkelrot gekennzeichnet.

Nach ihr gibt es die „Mittlere", die in der Größe erheblich hinter der „Großen" zurücksteht und ein fast gleichmäßiges dunkelbraunes Gefieder trägt, das dunkler als das unserer Türkentaube ist, in der Größe jedoch etwa gleich, allerdings ohne den schwarzen Halbkreis im Nacken. Der gespreizte Stoß ist am Ende hell gebändert.

Und schließlich ist da noch die „Kleine" zu nennen, die etwa so groß wie eine Amsel ist und die man sowohl mit einem hellen, als auch dunklerem Gefieder antrifft, und die sich durch ihren schnellen, häufig die Richtung wechselnden Flug auszeichnet. Sie alle bieten ein wohlschmeckendes Fleisch und sind nicht nur deshalb, sondern auch aus sportlicher Sicht, für den Flugwildjäger ein interessantes Wild, auf das zu jagen, es sich lohnt. Wer einmal in Paraguay eine gute Taubenjagd erlebt hat, kommt gerne wieder, selbst wenn dies die einzige Wildart sein sollte, die zu bejagen er Gelegenheit hat.

Ich hatte auf Einladung eines Freundes, der auf einer großen Estancia im zentralen Chaco lebt, mehrmals auf Tauben jagen können, und soviel Gefallen daran gefunden, daß ich dieses Erlebnis gerne wiederholen wollte, und ich freute mich sehr darauf, als ich auf eine nochmalige Einladung hin, abreiste. Am Telefon hatte R. mir schon berichtet, daß aller Voraussicht nach wieder mit einer guten Taubenjagd zu rechnen sei. Besonders reichlich gäbe es zur Zeit Tauben an den, durch den kürzlich gefallenen Regen gefüllten, Wasserlöchern.

Im Jahr zuvor hatten wir einen denkwürdigen Jagdtag auf Tauben erlebt, den wir beide wohl nicht so schnell vergessen werden. Wir hatten auf der Estancia eines Freundes von R. gejagt und dabei eine große Strecke gemacht. Es gab sehr viele Tauben, sie flogen gut an, und wir hatten wohl beide einen guten Tag, denn unsere Trefferquote lag bei 2:1, also einem Ergebnis, das man sonst nicht so leicht erreicht. Da der Strich sich bis ca. 18 Uhr hinzog, fuhren wir auf der etwa 80 km langen und kaum befahrenen Buschpiste zwischen der Estancia und Filadelfia, einer kleinen Mennonitensiedlung im zentralen Chaco, erst nach Sonnenuntergang zurück, und es war bereits finstere Nacht, als wir uns Filadelfia näherten. Und da war dann im Scheinwerferlicht unseres Wagens, plötzlich ein Fahrzeug auf der linken Fahrbahnseite erkennbar, das mit seinem vorderen Teil in den Büschen stand. Rauch stieg unter der Motorhaube hervor. Es handelte sich um ein kurz zuvor verunglücktes Fahrzeug, das war uns sofort klar. R. fuhr nun so nahe heran, daß unsere Scheinwerfer das Wrack voll beleuchteten. Wir stiegen rasch aus, und als ich durch das zersplitterte Seitenfenster in das Innere des Wagens sah, bot sich mir ein erschütternder Anblick: Hinter dem Steuer eingeklemmt, der Fahrer, blutüberströmt und ohne Bewußtsein, sein linker Arm war unterhalb des Schultergelenkes amputiert. Rasche Hilfe war hier angezeigt, denn das Leben des Mannes, schien nur noch an einem dünnen Faden zu hängen. Wir befreiten, so schnell es uns möglich war, den Unglücklichen aus seiner bedrohlichen Lage und trafen die notwendigen Erstmaßnahmen. Hilfe wurde aus dem nahen Filadelfia geholt, und ich fuhr mit dem Schwerverletzten in dem inzwischen eingetroffenen Krankenwagen, in das dortige Hospital. Infusionen und Bluttransfusionen, sowie eine anschließende Operation, retteten schließlich das Leben des Mannes.

Das war ein Jahr zuvor gewesen, und immer noch habe ich das Bild des Verunglückten vor meinen Augen, wenn ich an unsere damalige Taubenjagd, die so gut begonnen hatte, zurückdenke.

Ein halbes Jahr nach diesem Vorfall war ich wieder zur Taubenjagd in Paraguay. Es war, obwohl südamerikanischer Herbst, ein recht heißer Märztag, und nur der vom Süden her wehende etwas kältere „Pampero“, brachte Erfrischung. Gegen Mittag war die Quecksilbersäule auf über 35° C geklettert; so waren alle jagdlichen Aktivitäten gelähmt.

Da ist es dann gut, im Haus zu bleiben, und nur die in großen Mengen getrunkenen eisgekühlten Getränke vermögen die Lebensgeister einigermaßen wachzuhalten. Erst, als die Sonne, sich am wolkenlosen Himmel nach Westen neigte, und die Bäume längere Schatten zu werfen begannen, hatte R. zwei Pferde gesattelt, und wir waren losgeritten, hatten unsere Flinten quer über den Sattel gelegt und eine Tasche mit Munition über den Rücken geworfen. Zuerst ging es über die Weide nahe dem Haus, dann waren wir nach Norden abgebogen, eine schmale „Picada“ entlang, die sich am Zaun entlang zog. Dahinter war das Vieh auf der Weide, helle Tiere - „Nelore“, wie R. mir sagte, aus Zebus für tropische Regionen gezüchtet - denn sie kommen mit der Hitze und auch mit den Parasiten am besten zurecht. Das Gras stand hoch, es hatte nämlich in den letzten Wochen zum Ende der Regenzeit nochmals geregnet, und so war auch das Vieh fett und rund. Cora, die Vorstehhündin, lief hechelnd hinter uns her, ohne sie geht R., nie zur Jagd. Sie ist ihm die liebste von den sieben auf der Estancia lebenden Hunden, nicht nur weil sie von allen die beste Nase hat, sondern weil sie auch am ruhigsten sucht und am besten vorsteht. Sie hat ihm schon so manches krankgeschossene Wild, im schwierigen, unübersichtlichen Gelände gefunden, das sonst wohl verludert wäre.

Der Herbst ist die Jahreszeit, in der man im Chaco die meisten Vögel antrifft. In allen Größen, Formen und Farben, tummeln sie sich in den Büschen und im Geäst der Bäume: Grünrote Papageien erhoben sich kreischend aus den Quebrachobäumen, und Schwärme von Wellensittichen, flogen mit ihren sichelförmigen Schwingen im schnellen Flügelschlag, über uns hinweg. Das Hämmern von Spechten lag in der Luft, und buntgefiederte Kolibris, kaum zu unterscheiden von großflügeligen Schmetterlingen, umschwirrten die Blüten des Palo Santos und des Flaschenbaumes, die jetzt in voller Blüte standen. Und überall war das Rufen von Tauben zu hören.

Am Ende des Zaunes angekommen, hatten wir unsere Pferde angebunden, um die letzten zweihundert Meter, bis zu dem, mitten im Busch liegenden Wasserloch, zu Fuß zurück zulegen. Am Ende der schmalen, fast zugewachsenen „Picada“ trat der Busch zurück, und machte einer kleinen Lichtung Platz. Grünschillernd und mit Wasserlinsen bedeckt, lag da ein kleiner Teich, um den sich einige hohe Quebracho- und Palo Santo-Bäume in den blauen Nachmittagshimmel erhoben. Ein paar buntschillernde Enten flatterten, als sie uns bemerkten, aus dem Teich hoch und strichen lautquakend ab. Längst hatten uns die im Geäst der Bäume sitzenden Tauben eräugt, und waren, flügelklatschend, in alle Richtungen davongeflogen. Zunächst war also „die Bühne leer“! Aber das blieb nicht lange so: Schon kamen die ersten wieder zurück, zunächst nur einzelne, wohl als Späher, die erstmal den Teich überflogen, auskundschaftend, ob die Luft rein sei: Sie schwangen sich in die Gipfel der Bäume, von wo sie mit langem Stingel, die Umgebung argwöhnisch beobachteten.

Wir hatten uns inzwischen im Blätterschatten einiger Bäume, die nicht nur Schutz vor der immer noch kräftigen Sonne boten, sondern auch gute Deckung versprachen, postiert und verhielten uns ruhig, soweit die Moskitos, die schlimmen Quälgeister, dies zuließen. Im übrigen hofften wir, uns auf unsere gute Tarnkleidung, verlassen zu können.

Es war ein idyllischer Ort, zwar von Menschenhand geschaffen, aber doch noch so naturbelassen, daß man das Gefühl hatte, es habe hier schon immer so ausgesehen. Harmonisch fügte sich die kleine Rodung in den Busch ein. Der Ort war nicht nur für Tauben wie geschaffen, auch Puma, Spießhirsch und Tapir suchten diese kleine Lichtung, mit dem Teich, regelmäßig in der Trokkenzeit auf, wie mir R. berichtete.

Da fiel auch schon der erste Schuß, und kurz darauf erklang R.´s Kommando „Cora apport!“ So schnell aber war der erste Flug Tauben über mich hinweggeflogen, daß er schon wieder hinter den Bäumen verschwunden war, bevor ich reagieren konnte. Auf der Taubenjagd darf man eben nicht schlafen! Aber es kamen ja noch so viele!: Ein Flug nach dem anderen zog von nun an über uns hinweg. Wir schossen, trafen und fehlten, wie das eben so ist, aber immer wieder gab es neue Chancen. Vorbeizuschießen ist auf der Flugwildjagd kein Unglück, denn es gibt der Möglichkeiten viele. Und so war es auch hier. Da kamen Tauben von vorne, es gab querstreichende, und dann hohe, „überkopf“ zu schießende, so daß es manchmal schwerfiel, sich zu entscheiden, welche man auf´s Korn nehmen sollte. Da sich Cora bei R. aufhielt, blieb mir keine andere Wahl, als die von mir erlegten Tauben selbst aufzulesen, was mir nicht nur deshalb einige Überwindung kostete, weil ich dazu meinen Stand verlassen mußte, und mir dadurch einige günstige Gelegenheiten, zu Schuß zu kommen, entgingen, sondern, weil ich durch das hohe Gras waten mußte und mir das viele Getier, welches sich im Schutz des Grases aufhält, wie Schlangen, Skorpione, Taranteln und andere liebe Tiere, nicht sehr sympathisch ist. Aber ich hatte ja wohlweislich, meine Beine, durch Ledergamaschen geschützt, und das machte die Suche etwas leichter. Schließlich war ich sogar stolz, jede von mir erlegte Taube, selbst gefunden zu haben.

Es hatte sich schon eine recht stattliche Zahl neben mir angesammelt, als sie immer spärlicher geflogen kamen, bis schließlich das Ende des Striches gekommen war. Die Sonne war inzwischen hinter dem Horizont verschwunden, der Himmel hatte sich im Westen mit einem Orangerot, wie man es so intensiv nur in den Tropen beobachten kann, überzogen, das Schnarren der Frösche begann lauter zu werden, und die Angriffe der Moskitos erfolgten immer heftiger. Aus dem Gras und den Büschen stiegen radiumgrüne Leuchtkäfer hoch, bald war auch das vielstimmige Konzert der Vögel verklungen.

Als wir schwerbepackt bei den Pferden ankamen, war aus der Dämmerung, Nacht geworden.

Da waren immer wieder Fußspuren irgendwo auf den staubbedeckten Wegen, die das Busch- oder Grasland der Estanzia durchkreuzten. Daß dies nicht unsere eigenen Spuren waren, das war mir klar. Ich selbst hatte einige Male Indianer vom Stamm der Moros gesehen, wie sie mit großen Jutesäcken auf dem Rücken, die sie über den Hinterkopf gezogen hatten, plötzlich aus dem Busch auftauchten, fast steinzeitlich anmutende Gestalten. Aber dies waren harmlose Kräutersammler. Die Zeiten, in denen Moros Mennonitenfamilien, die in den Campos arbeiteten, überfallen und getötet hatten, waren längst vorbei. Über Begegnungen dieser Art, machte ich mir jedenfalls keine ernsten Gedanken. Schon eher war das bei meinem Nachbarn der Fall, der, wenn wir auf seiner Estanzia jagten und auf solche Fußspuren stießen, sie immer gleich mit Vieh – oder Wilddieben in Verbindung brachte. Ich glaube, es paßte ihm nicht, daß Indianer und andere Leute sein Land betraten. In dieser Hinsicht war er sehr eigen. Er schien mir einfach zu mißtrauisch. Als er mir dann eines Tages erzählte, er habe zwei Paraguayer, in einem entlegenen Winkel seiner Estanzia gesehen, die, als er näher kam, im Busch verschwunden seien, und er sich sicher sei, es habe sich um Viehdiebe gehandelt, hielt ich diesen Verdacht, für nichts anderes, als einen weiteren Beweis, seines angeborenen Mißtrauens.

Ich war daher mehr als überrascht, als ich zwei Wochen später erfuhr, daß seine Frau, beim Ausreiten, von Viehdieben vom Pferd geschossen und getötet worden war.

Heut hat mein Bruder Auerhahn
in Lust den letzten Glepf getan;
der Schuß, auf seine Ehr bedacht,
hat ihn mit Würden heim gebracht.
Nun ist sein Spiel und Sagen aus,
ganz still hängt er bei mir zu Haus.

Ob´s heut geschah, ob´s morgen sei,
einmal ist jede Zeit vorbei.
Und, lieber Mensch, auch deiner Lust
wohnt schon der Tod in Herz und Brust.

Albert v. Scanzoni

Kettner
Kompetenz in Jagd...
Das Kettner-Programm rund um Jagd und Revier zielt konsequent auf Ihre Ansprüche als Jäger. Waffen, Optik, Munition und Ausrüstung zeichnen sich durch Qualität, Praxiswert und optimales Preis-/Leistungsverhältnis aus.
Fordern Sie kostenlos den aktuellen Katalog an:
Tel. 0180/5885-3*
www.kettner.de
...und Jagdreisen in aller Welt
Professionelle Vorbereitung und Abwicklung von Jagdreisen – egal auf welchen Kontinent. Kompetente, ehrliche Beratung, genaue Kenntnisse der Jagdgebiete und langjährige Erfahrung – das alles bietet Kettner Jagdreisen.
Fordern Sie den aktuellen Katalog jetzt kostenlos an:
Tel. 0221/920135-0
jagdreisen@kettner.de
Kettner
JAGDREISEN
*0,12 €/Min.